THÈSE

DE

DOCTORAT

PAR

HENRI LHOMME

DROIT ROMAIN

LE POSTLIMINIUM ET LA FICTION DE LA LOI CORNÉLIA

DROIT FRANÇAIS

DE LA PREUVE DU MARIAGE ET DE LA FILIATION EN L'ABSENCE DE TITRE

L'ACTE PUBLIC SERA SOUTENU
le Jeudi 12 juin 1873, à 10 heures et demie.

Président : M. BUFNOIR

Suffragants :
MM. COLMET DE SANTERRE,
LABBÉ. — *Professeurs.*
BOISTEL,
LYON-CAEN. — *Agrégés.*

Le candidat répondra en outre aux questions qui lui seront adressées
sur les autres matières de l'enseignement.

PARIS

IMPRIMERIE DE E. DONNAUD

9, RUE CASSETTE, 9

1873

DROIT ROMAIN.

DU POSTLIMINIUM ET DE LA FICTION DE LA LOI CORNÉLIA.

INTRODUCTION.

C'était une maxime universellement reçue dans l'antiquité, que les lois de la guerre permettaient aux belligérants de s'approprier, personnes et choses, tout ce qui tombait en leur pouvoir : ils en devenaient propriétaires *jure occupationis*.

Les Romains qui, de tout temps, ont admis les règles de l'*occupatio bellica* (Gaius, II, § 69), ne se faisaient point faute d'en tirer profit, comme le démontrent suffisamment les récits de leurs historiens. Il s'en fallait toutefois qu'ils entendissent se réserver exclusivement les bénéfices de de cette *occupatio* : elle constituait pour eux un principe de droit international, dont leurs ennemis pouvaient se prévaloir au même titre qu'eux-mêmes, et dont ils devaient subir les inconvénients, comme ils en recueillaient les avantages.

De là les conséquences suivantes : un citoyen romain est pris par l'ennemi et réduit en esclavage : c'est un fait que la loi romaine vient confirmer ; elle déclare le prisonnier *servus hostium* et déchu comme tel de tous les droits qu'il avait antérieurement à Rome. La chose d'un Romain est enlevée par l'ennemi : c'est encore un fait que sanctionne la loi romaine ; le Romain perd la propriété de la chose, et cette propriété passe à l'ennemi avec la possession.

De nos jours cette manière de voir paraît étrange ; elle résulte en effet d'une conception tout à fait rudimentaire des rapports internationaux. Chez les anciens le droit des gens se réduisait à quelques règles pratiques, qui ne reposaient sur aucun principe : on ne s'était point élevé à l'idée d'une puissance supérieure qui dominât les Etats, et dont les lois fussent obligatoires pour eux, comme le sont les lois de chaque Etat pour les particuliers qui le composent. Au-delà du territoire de la cité, le droit n'existait plus, le fait le remplaçait : l'asservissement équivalait à l'esclavage légal ; la possession à la propriété. Souvent, il est vrai, on convenait de modifier un état de choses aussi fâcheux au moyen d'alliances et de fédérations : cet état de choses n'en constituait pas moins le régime commun en temps de guerre vis-à-vis de tous les peuples, en temps de paix vis-à-vis des *barbares*, c'est-à-dire vis-à-vis des peuples qu'aucun lien n'unissait à Rome.

Les Romains qui n'hésitaient point à tirer profit de l'*occupatio bellica*, se soumettaient eux-mêmes aux effets rigoureux de cette *occupatio*, lorsqu'elle se produisait au détriment d'un des leurs ; dans un cas particulier cependant les conséquences de cette *occupatio* devenaient tellement odieuses, qu'ils avaient cru devoir déroger au principe.

Supposons en effet que le Romain pris par l'ennemi revienne à Rome : quelle sera sa position ? La captivité a détruit tous les liens qui le rattachaient à la cité romaine, c'est un *servus hostium*, et comme tel, il deviendra la propriété du premier Romain qui mettra la main sur lui.

De même, si la chose enlevée par l'ennemi est reprise, elle appartiendra au premier occupant, car l'occupation ennemie a détruit tous les droits du propriétaire romain antérieur.

De semblables résultats étaient de nature à blesser vivement la conscience publique : et cependant tel demeura jusqu'à la fin le droit commun. C'est seulement en faveur des personnes et à l'égard de certaines choses que s'introduisit une exception remarquable ; cette exception, qui paraît avoir été admise par tous les peuples anciens, constituait le *jus postliminii*.

Le postliminium est une fiction juridique, en vertu de laquelle le prisonnier qui revient à Rome ou la chose qui est recouvrée est censée n'avoir jamais été au pouvoir de l'ennemi ; cette fiction rend au prisonnier tous les droits que la captivité lui a fait perdre, elle fait revivre sur la chose tous les droits réels dont cette chose était précédemment l'objet.

A côté du postliminium se place une seconde fiction juridique, la fiction de la loi Cornélia.

Le postliminium corrige les effets de l'*occupatio bellica*, lorsque le prisonnier revient à Rome ou lorsque la chose est recouvrée par les Romains ; la fiction de la loi Cornélia intervient, lorsque le prisonnier décède en captivité. Le prisonnier, en pareil cas, décède *servus hostium*, et en qualité d'esclave il ne peut avoir d'héritiers. La *capitis deminutio magna* qu'il a subie a annulé le testament qu'il avait pu faire *in civitate* ; et durant la captivité il n'a pas eu la capacité nécessaire pour en faire un second. D'autre part, nul ne peut se présenter pour lui succéder ab intestat, cette même *capitis deminutio* a détruit tous les liens de famille civile ou naturelle, qui pouvaient donner des droits sur son hérédité.

Ainsi le prisonnier n'aura pas d'héritiers : c'est un état de choses regrettable ; la fiction de la loi Cornélia a pour but d'y remédier. On suppose le prisonnier mort au moment où il a été pris : il est mort libre, et dès lors toute difficulté s'évanouit. Le testament qu'il a pu faire avant la captivité demeure valable, et à défaut de succession testamentaire, l'hérédité est déférée aux successibles ab intestat qu'il a laissés *in civitate*.

La fiction du postliminium et la fiction de la loi Cornélia se complètent mutuellement : nous

nous proposons de les réunir dans une même étude. La première partie de cette étude sera consacrée au postliminium dont l'origine est la plus ancienne, et la seconde, à la fiction de la loi Cornélia. Les textes nous fournissent, pour le travail que nous entreprenons, les matériaux les plus abondants. Un titre entier du Digeste est consacré au postliminium, c'est le titre XV du livre XLIX : « *De captivis et (de) postliminio, et redemptis, ab hostibus*». Le titre XLI, livre VIII du Code, porte une rubrique analogue « *de postliminio reversis et redemptis ab hostibus.* » Ce sont ces deux titres qui nous présentent les principes et les idées générales qui régissent la matière ; mais nous aurons à les compléter par un nombre considérable de textes disséminés dans les différents livres du Digeste : ce qui n'aura pas lieu de nous étonner, si nous remarquons que l'application du postliminium s'étend à toutes les parties du droit civil.

Le caractère particulier de l'institution que nous nous proposons d'étudier et le peu d'importance qu'elle offre de nos jours au point de vue des applications pratiques, nous expliquent pourquoi les ouvrages des jurisconsultes modernes ne nous fournissent pas sur ce point des documents bien considérables. La science française ne nous présente que les observations éparses dans les vastes travaux de Cujas et de Fabre ; et c'est à l'étranger seulement que nous trouvons quelques traités ex-professo, quelques expositions dogmatiques de la matière. De ces traités, le premier en date est un opuscule d'un jurisconsulte de Salamanque, Jos. Fern. de Retes, qui remonte à l'année 1658, et qui se trouve compris dans le *Thesaurus* de Meermann (t. VI, p. 274-307). Puis vient une dissertation de R. Teller (Lipps. 1758, *De postliminio*), qu'il nous a été impossible de nous procurer. De nos jours enfin le docteur Fried. Hase, de l'université de Halle, a fait paraître une monographie, qui nous a été du plus grand secours.

PREMIÈRE PARTIE.

DU POSTLIMINIUM.

Etymologie. — Définition. — Origine. — Division du sujet.

Cicéron dans ses *Topiques* (c. 8) insiste sur l'utilité que peut présenter l'étymologie des mots dans le cours d'une discussion. Le conseil s'adresse à quiconque se propose d'écrire une monographie, surtout si l'institution qui fait l'objet de cette monographie remonte, comme le *postliminium*, aux temps les plus anciens : c'est en effet à l'origine des sociétés que les mots et les choses se trouvent dans le rapport le plus étroit, et que les mots peuvent jeter la plus vive clarté sur la nature des choses.

Nous serions d'autant moins fondés à négliger la recommandation du grand orateur, que, dans le même passage des *Topiques*, à l'appui de la thèse qu'il met en avant, il prend précisément pour exemple l'étymologie du mot *postliminium*.

Il nous apprend ainsi que l'étymologie de ce mot avait déjà préoccupé les jurisconsultes romains : il s'était même produit sur ce point deux manières de voir opposées. Suivant Servius Sulpicius Rufus, le mot *postliminium* n'était autre chose que le substantif de la particule *post*, *liminium* eût été une adjonction sans valeur. Scévola voyait au contraire dans *postliminium* un composé de *post* et de *limen*.

L'opinion de Scévola est celle qui a prévalu, et à bon droit. L'étymologie de Servius n'est pas acceptable, elle consiste à faire d'une préposition allongée un substantif ; et c'est un mode de formation dont la langue latine présenterait difficilement un second exemple.

La racine *limen* ressort d'une manière évidente dans postliminium ; l'expression *limen*, seuil, employée pour désigner la frontière d'un État est une image qui n'a rien de forcé. Mais comment ces deux racines *post* et *limen* se trouvent-elles unies pour former *postliminium* ? Voici l'explication que nous donne Scévola sur ce point : « *ut, quæ a nobis alienata sunt, cum ad hostem pervenerint et e suo tanquam limine exierint, dein cum redierint post ad idem limen, postliminium videantur rediesse* (Cicéron, *Topica*, c. 8). » Boëthius (*Comm.*, *lib.* iv) et Paulus Diaconus, d'après Festus (s. v. postliminium), rendent compte de la même manière de l'union des deux mots *post* et *limen*.

Cet explication n'est pas parfaitement satisfaisante : *post* et *limen* se trouvent juxtaposés sans être liés grammaticalement ou logiquement l'un à l'autre, et si l'on peut rapprocher le sens de ces deux mots de manière à en tirer l'idée d'un retour en deçà de la frontière, c'est au moyen d'un travail d'esprit qui ne laisse pas que d'être pénible.

Gœttling et Heineccius ont essayé de rendre

compté autrement de l'association de *post* et de *limen*. Suivant Gœttling (*Hist. de la format. du droit romain*, p. 117) *postliminium* avait à l'origine une signification purement locale, ce mot désignait la région consacrée par les augures, qui se trouvait immédiatement après la frontière, *post limen* : le prisonnier recouvrait ses droits au moment où il mettait le pied dans cette région. Gœttling s'appuie sur un rapprochement ingénieux entre les mots *postliminium* et *pomœrium*, sur l'étymologie présentée par les Instituées, et sur les expressions *postliminium reverti* et *postliminium recipi* qui se trouvent dans Paulus Diaconus d'après Festus. Mais l'étymologie des Instituées (1, 12; § 5) reproduit simplement celle de Scévola, et les expressions employées par Festus constituent une construction exceptionnelle qui ne suffit point pour autoriser la conjecture de Gœttling.

L'explication de Heineccius se fonde sur un passage de Plutarque ; d'après Plutarque (*Quæst. rom.* cap. v), lorsqu'un prisonnier, qui avait passé pour mort, revenait auprès des siens, il eût été de mauvais présage à Rome qu'il rentrât chez lui par la porte : il y pénétrait *per tegulas et impluvium, post limen* : de là, suivant Heineccius, l'étymologie, du *postliminium*. La conjecture d'Heineccius nous semble aussi arbitraire que celle de Gœttling; faute de mieux, nous nous en tiendrons à l'explication de Scévola.

Le postliminium est une fiction juridique qui efface rétractivement les effets de l'*occupatio bellica* : le prisonnier qui revient à Rome recouvre ses droits, comme s'il n'eût jamais quitté la cité ; la chose qui est recouvrée par les Romains est restituée à son ancien propriétaire, comme si elle n'était jamais sortie de ses mains.

Que telle soit la nature du postliminium, c'est ce que les textes démontrent surabondamment (D. 1. 5, §1 et l. 16, h. t.).

Citons seulement les deux suivants.

Instit. I. 12, § 5 : « *quia postliminium fingit eum qui captus est semper in civitate fuisse.* »

D. l. 19, pr., h. t, Paul. « *Postliminium est jus amissæ rei recipiendæ ab extraneo et statum pristinum restituendæ inter nos ac liberos populos regesque moribus ac legibus constitutum. Nam....* »

Ce dernier texte ne contient point seulement une définition : il jette un jour précieux sur l'origine du postliminium. « *Inter nos ac liberos populos regesque moribus ac legibus constitutum* » : il s'agit d'un droit fondé sur les mœurs et sur la tradition ; les mots « *antiquitus placuit* », qui figurent dans un texte de Modestin (D., l. 21, h. t.), conduisent à la même idée. Que l'on rapproche ces différentes expressions de la nature même du postliminium, et l'on conclura sans peine que le postliminium est aussi ancien et plus ancien peut être que la ville même de Rome : c'est sans doute une de ces institutions primitives que les Romains ont empruntées aux peuples italiens, du milieu desquels ils se sont élevés. Aussi, lorsque plus tard on s'efforça de marquer exactement les limites du droit civil et du droit des gens, bien que les applications du postliminium se rapportent surtout au droit civil, c'est au droit des gens que l'on rattacha cette institution (Isidore de Séville, v, 6.)

Mais on peut aller plus loin, on peut soutenir que dès les temps les plus reculés le postliminium avait déjà la forme sous laquelle nous le présentent les jurisconsultes romains : il ne semble pas en effet que ce droit ait jamais été modifié. A la vérité Paul parle ici de lois : « *moribus ac legibus constitutum* » ; mais il faut rapprocher le mot *leges* des mots qui précèdent : « *inter nos ac populos liberos regesque.* » : il s'agit des traités de paix ou d'alliance conclus entre Rome et les peuples étrangers. Le mot *lex* se prend parfois dans ce sens (Festus, s. v. *reciperatio*) ; et ce qui doit nous faire admettre cette explication, c'est que l'on chercherait en vain dans les autre textes l'indication d'une loi qui ait modifié la nature du postliminium. D'ailleurs si Paul avait pu invoquer de véritables lois, pourquoi s'appuyerait-il quelques lignes plus bas sur l'*œquitas naturalis?*

Abordons de plus près l'étude de notre matière ; nous diviserons nos recherches en trois parties, et nous nous demanderons successivement : à quels objets s'applique le postliminium, dans quelles conditions il se produit et quels en sont les effets. Un chapitre particulier sera consacré aux effets du rachat.

CHAPITRE 1.

A QUELS OBJETS S'APPLIQUE LE POSTLIMINIUM ?

Le but du postliminium était de corriger les effets fâcheux de l'*occupatio bellica* : si l'on eût voulu proportionner le remède au mal, il eût fallu l'étendre à tous les objets susceptibles de subir l'*occupatio bellica*. Mais les textes ne nous montrent rien de semblable : l'*occupatio bellica* portait sur toute espèce de choses (Gaius, II, 69); le postliminium, au contraire, ne s'appliquait qu'à un petit nombre d'objets rigoureusement déterminés.

C'est un texte de Marcellus, complété par un fragment de Pomponius, qui nous donne au Digeste l'énumération des *res postliminii*; cette énumération est assez imparfaite, et il nous serait difficile de dresser une liste exacte des *res postliminii*, si les auteurs non juridiques ne nous fournissaient à cet égard de précieux renseignements. Cicéron, en effet, dans le passage des *Topiques* que nous avons déjà cité, énumère incidemment les objets auxquels s'applique le postliminium.

Cic. *Top.* c. 8 : « *Postliminio redeunt haec : homo, navis, mulus clitellarius, equus, equa quae frena recipere solet.* »

Festus de son côté attribue à Ælius Gallus une énumération qui concorde exactement avec celle de Cicéron (Festus, s. v. postliminium).

Citons enfin les deux textes du Digeste :

D. 1, 2, h. t. ; Marcellus : « *Navibus longis atque onerariis propter belli usum postliminium est, non piscatoriis aut si quas actuarias voluptatis causa paraverunt. Equus autem aut equa freni patiens recipitur postliminio : nam sine culpa equitis proripere se potuerunt. Non idem in armis juris est, quippe nec sine flagitio amittuntur ; arma enim postliminio reverti negatur, quod turpiter amittantur.* »

D. 1, 3, h. t. ; Pomponius : « *Item vestis.* »

Ces divers documents nous permettent de composer ainsi qu'il suit la liste des choses auxquelles s'applique le postliminium.

Cette liste comprend :

1° Les hommes. L'expression doit être prise dans le sens le plus large, elle s'étend à tout ce qui fait partie de l'espèce humaine sans exception d'âge, de sexe ou de condition. Paul s'exprime très-nettement sur ce point (D. 1. 19, § 10 h. t.) ;

2° Les navires. Cicéron et Ælius Gallus parlent des navires en général, Marcellus fait une distinction ; le postliminium, suivant lui, s'applique aux bâtiments de guerre et aux bâtiments

de transport ; il ne s'applique ni aux bâtiments de
pêche, ni aux embarcations de plaisance. Faut-il
voir là l'indication d'un changement de doctrine
qui se serait produit entre l'époque de Cicéron
et celle de Marcellus ? Ce n'est guère admissible :
l'énumération des *res postliminii* remonte aux
temps les plus anciens, et l'on devait d'autant
moins penser à la modifier qu'elle était reçue également par les peuples étrangers : « *quæ genera
rerum ab hostibus ad nos postliminium redeunt,*
nous dit Festus, d'après Ælius Gallus, *eadem
genera a nobis ad hostes redire possunt.* » Il est
probable que si Cicéron et Ælius Gallus n'ont
pas indiqué la distinction que nous fait connaître
Marcellus, c'est qu'ils s'exprimaient en termes
généraux et sans entrer dans le détail : la briè-
veté du texte de Cicéron s'accorde particulièrement avec cette manière de voir (Cujas, *Observ.* XI, 23) :

3° Les bêtes de somme (*muli*) ;

4° Les chevaux. Il faut que les mulets soient
capables de porter une charge (*clitellarii*) ; il faut
que les chevaux puissent recevoir un frein (*freni
patientes*) : les uns et les autres en un mot doivent être en état de rendre service à la guerre.
Marcellus a indiqué la même idée à propos des
navires.

« *Nam sine culpa equitis proripere se potuerunt* » : cette considération intercalée dans le
texte de Marcellus se lie assez mal avec ce qui
précède, mais elle s'explique aisément par ce qui

suit, et il n'est pas nécessaire d'y voir une adjonction faite après coup, comme le propose de Retes (Meerman's *Thesaur*. VI, 279). Marcellus a montré que les navires, les bêtes de somme et les chevaux étaient des *res postliminii*, parce qu'ils étaient propres au service militaire ; mais l'utilité à la guerre des armes et des vêtements est encore plus évidente, ne faut-il point les ranger également parmi les *res postliminii ?* Non, répond Marcellus, car ce sont des choses qui ne peuvent se perdre sans déshonneur. On aurait pu être tenté d'en dire autant à l'égard des chevaux ; c'est l'objection que prévoit Marcellus et qu'il réfute en ces termes : « *nam sine culpa equitis proripere se potuerunt.* »

La liste que nous fournissent Cicéron, Festus et Marcellus se trouve ainsi épuisée, ne convient-il point cependant d'y ajouter une cinquième classe d'objets, les immeubles ?

Un texte de Pomponius (D., l. 20, § 1, h. t.) nous apprend qu'à l'égard des immeubles les choses se passent comme elles se passeraient, si le *postliminium* s'y appliquait, mais Pomponius n'emploie pas le mot postliminium. Si l'on tient compte du silence de Cicéron, Festus et Marcellus sur le même point, l'omission de Pomponius doit paraître calculée. Et il est facile de voir sur quoi se fondent ses scrupules : le postliminium suppose le retour de la chose *intra limina* : comment concilier cette idée de retour avec la nature des

immeubles qui ne sont point susceptibles de déplacement ?

Quelques jurisconsultes cependant se sont
montrés plus hardis. Marcien, dans la loi 6, *de
divisione rerum et qualitate*, D. 1, 8, se sert du mot
postliminium à propos des immeubles, mais il le
prend plutôt au figuré. Le texte suivant est plus
décisif.

D. 1. 26, *quib. mod. ususf. amittit*, VII, 4, Paul.
« *Si ager ab hostibus occupatus servusve captus
liberatus fuerit, jure postliminii restituetur usus-
fructus.* »

Paul applique franchement le mot postliminium à l'usufruit d'un fonds de terre.

Ce qui semble résulter de ces différents textes,
c'est qu'à l'origine les immeubles n'étaient point
compris dans la liste des *res postliminii* ; *utilitatis
causa*, les jurisconsultes ont étendu aux immeubles les règles qui constituaient le postliminium,
mais tout en adoptant la chose, ils ont hésité à
se servir du mot.

Nous savons à quels objets s'applique le postliminium : sur quoi se fonde la distinction des *res
postliminii* et des *res nec postliminii* ?

Cette distinction fait songer à une autre distinction qui remonte également aux plus anciens
temps du droit romain, la distinction des *res
mancipi* et des *res nec mancipi*.

De part et d'autre on procède par voie d'énumération limitative (Ulpien, fr. XIX, § 1), et les
deux listes comprennent plusieurs termes com-

muns. Mais là s'arrête la ressemblance ; les jurisconsultes romains ne font nulle part allusion à la parenté qui aurait pu exister entre les deux énumérations, l'une d'ailleurs appartient au droit des gens et l'autre fait partie du droit civil.

Toutefois, si les deux énumérations sont distinctes et indépendantes l'une de l'autre, le rapprochement que nous venons de faire va nous permettre de découvrir sur quoi se fonde la distinction des *res postliminii* et des *res nec postliminii*.

En tête de la liste des *res mancipi* se placent les fonds italiques, et les objets qui suivent sont évidemment compris dans la liste comme accessoires et dépendances des fonds italiques. Appliquons la même idée à l'énumération des *res postliminii*. Ce n'est pas sans raison que Cicéron et Festus ont placé l'homme en tête de la liste : si les effets de l'*occupatio bellica* ont pu paraître rigoureux dans les temps anciens, c'est surtout à l'égard de l'homme libre qui revenait de captivité ; c'est en sa faveur qu'a dû être imaginée tout d'abord la fiction du postliminium. Mais ce que l'on considérait en pareil cas, ce n'était pas l'homme nu et dépouillé, c'était l'homme armé et revêtu de son attirail de guerre, tel qu'il était allé se présenter à l'ennemi et tel qu'il avait été pris : on voulait qu'il recouvrât avec la liberté la propriété des objets que l'ennemi lui avait enlevés et que lui-même, peut-être, rapportait au camp romain. Et quels pouvaient être ces objets ? Ses armes, ses vêtements, son cheval, ses bêtes de somme, son navire, si l'on combattait sur mer : c'est-à-dire les objets mêmes qui composent la liste des *res postliminii*. On s'est contenté d'exclure les armes et les vêtements qui ne peuvent se prendre sans déshonneur : le postliminium de doit pas devenir la récompense de la lâcheté ; mais le soin même avec lequel les jurisconsultes nous apprennent que ces objets ne sont pas compris dans l'énumération, montre bien que, suivant l'idée générale qui a présidé à la composition de la liste, ils auraient dû en faire partie.

A côte du guerrier on a placé les vieillards, les femmes et les enfants ; à côté de l'homme libre on a placé l'esclave : on a pensé sans doute que devant l'ennemi s'effaçait toute distinction civile ou sociale.

Le postliminium s'applique à des personnes et à des choses : on comprend qu'il ne puisse s'appliquer aux unes et aux autres suivant des règles identiques : les droits qu'il s'agit de faire revivre ont les personnes pour sujets et les choses pour objets ; de plus les personnes ont une volonté qui influe sur les conditions du postliminium, tandis que les choses sont dépourvues de volonté.

Pothier divise le postliminium, suivant qu'il s'applique aux personnes ou aux choses, en postliminium *actif* et postliminium *passif :* ces expressions caractérisent assez bien la distinction. Dans tous les cas cette distinction résulte de la nature des choses, et, sous un nom ou sous un autre, nous aurons souvent à en tenir compte.

CHAPITRE II.

DANS QUELLES CONDITIONS SE PRODUIT LE POSTLIMINIUM?

Ces conditions sont de deux sortes : le but du postliminium est de corriger les effets de l'*occupatio bellica*, le postliminium suppose donc qu'il y a eu *occupatio bellica*, et nous aurons à rechercher dans quels cas se produit cette *occupatio*. Mais d'autres conditions encore sont exigées pour l'application du postliminium, l'étude de ces conditions fera l'objet d'une seconde section.

Section I. — *Dans quelles conditions se produit l'*occupatio *bellica ? (Postliminium* in pace *et* postliminium in bello.)

1° L'*occupatio bellica* ne se produit qu'entre peuples étrangers.

2° Elle se produit *in bello* entre tous les peuples étrangers, *in pace* entre les peu les qu'aucun lien n'unit entre eux.

Reprenons successivement ces deux propositions.

L'occupatio bellica ne se produit qu'entre peuples étrangers, entre peuples indépendants. Observons en passant que le progrès des armes romaines et la conquête du monde ancien avaient dû singulièrement restreindre, durant l'empire, l'application de cette *occupatio*.

Du principe que nous venons de poser découlent deux conséquences :

1° Les guerres civiles ne peuvent donner lieu à l'application du *postliminium* : les combattants, en pareil cas, ne sont point de véritables *hostes*. Que l'un d'eux soit fait prisonnier et soumis à un esclavage de fait, la loi ne reconnaît pas cet esclavage ; quand il revient dans ses foyers, il n'a pas besoin qu'on lui restitue au moyen d'une fiction juridique une ingénuité qu'il n'a jamais perdue. De même, la guerre civile qui enlève à un propriétaire la possession de sa chose, ne lui en enlève point la propriété, il est inutile qu'on lui rende un droit dont il n'a pas été dépouillé.

Ulpien nous donne la règle sur ce point dans la loi 21, § 1 de notre titre. La première phrase de ce texte contient une allusion aux troubles qui ont amené la chute de la République romaine : c'est une réminiscence classique, car la même pensée est exprimée deux fois par Cicéron en termes à peu près identiques (Cic. *in Catilin.* III, 10 ; *pro Ligurio*, 9).

Citons encore le texte suivant qui a été mal interprété par Cujas. C. 1, 4 : *de ingenuis manumis*, VII, 14 ; Diocl. et Max. « *Quum cognatum tium, ingenuum natum, ex Palmyrenæ factionis dominatione velut captivum distractum esse dicas, praeses provinciae ingenuitati suae reddi eum efficiet.* »

Cujas (*observ.* III, 19) suppose qu'un Romain tombé entre les mains des partisans de Zénobie a été recherché, puis vendu comme esclave par celui qui l'a racheté : les empereurs reconnaissent l'ingénuité du captif, mais réservent le droit de rétention qui est la conséquence du rachat.

Mais le texte ne parle ni de rachat ni de droit de rétention ; l'espèce prévue est beaucoup plus simple : un Romain fait prisonnier par la faction de Palmyre a été vendu comme esclave, les empereurs déclarent que ni la captivité ni la vente ne lui ont fait perdre son ingénuité.

Cujas avait oublié sans doute que la lutte d'Aurélien contre Zénobie et Odenath n'était qu'une guerre civile ; Zénobie et Odenath n'étaient point pour Rome des *hostes* proprement dits, mais de simples rebelles : ce qui justifie parfaitement la décision de notre texte.

2° Les violences des voleurs et des brigands ne donnent point lieu non plus à l'application du postliminium ; car la personne dont ils s'emparent conserve son ingénuité, la chose qui tombe entre leurs mains ne cesse point d'appartenir au véritable propriétaire (D. l. 24, h. t. Ulpien ; — *nec obstat*, D. l. 6, h. t. Pomponius).

Marcien nous apprend ailleurs que celui qui est au pouvoir d'une bande de brigands, conserve le droit de faire un testament (D. 1. 13, pr. qui test. fac. possunt, XXVIII, 1).

L'*occupatio bellica* ne se produit qu'entre peuples étrangers ; mais elle ne se produit pas toujours entre peuples étrangers. Elle se produit *in bello* et *in pace* entre peuples qui ne sont unis par aucun lien, *in bello tantum* entre peuples amis ou alliés : le lien de droit le plus faible entre deux peuples suffit pour lui faire obstacle.

Insistons sur cette dernière proposition : elle nous servira à résoudre certaines difficultés de texte. Montrons d'abord qu'elle était la conséquence nécessaire des idées des peuples anciens sur les rapports internationaux.

Entre peuples étrangers aucun droit n'était reconnu, le fait servait de loi : on comprend combien devait entraver le commerce et les voyages une conception semblable du droit des gens ; on comprend aussi que du moment que deux peuples s'entendaient pour établir un lien de droit entre eux, le premier effet de ce lien, si léger qu'il fût, devait être précisément de faire cesser un état de choses aussi fâcheux, de substituer le droit au fait, et de mettre la liberté et la fortune des citoyens des deux pays sous la protection efficace des deux gouvernements. Comment admettre qu'il pût y avoir alliance ou seulement amitié entre deux nations, si les membres de l'une d'elles ne pouvaient se hasarder sur le territoire de l'autre, sans se trouver aussitôt menacés dans leur vie, leur liberté et leurs biens ?

Rome contractait avec les peuples étrangers les alliances les plus diverses ; les liens qui résultaient de ces traités se distinguaient par les nuances les plus délicates et formaient une sorte d'échelle dont les degrés étaient innombrables : mais tenons pour certain que ces liens, si relâchés qu'ils fussent, avaient pour effet immédiat, tant qu'une déclaration de guerre en règle ne les avait pas détruits, de faire obstacle à l'*occupatio bellica*.

Voyons maintenant si les textes confirment cette manière de voir.

La distinction du postliminium en *postliminium in bello* et *postliminium in pace*, qui en est la conséquence, nous est signalée par plusieurs jurisconsultes (D. l. 19, h. t. Paul; — l. 12, h. t. Triphonius). Pomponius après avoir indiqué la même distinction s'exprime de la manière suivante :

D. l. 5, § 2, h. t. « *In pace quoque postliminium est : nam si cum gente aliqua neque amicitiam, neque hospitium, neque fœdus amicitiae causa factum habemus, hi hostes quidem non sunt, quod autem ex nostro ad eos pervenit, illorum fit, et liber homo noster ab eis captus servus fit eorum. Idemque est, si ab illis ad nos aliquid perveniat ; hoc quoque igitur casu postliminium datum est.* »

Ce texte montre bien que le lien de droit le plus faible entre deux nations, un simple rapport d'amitié ou d'hospitalité, suffit pour écarter l'application du postliminium.

D'autres textes nous apprennent que les effets de l'*occupatio bellica* cessent dès que le prisonnier a gagné le territoire d'une nation amie (D. 1. 5, § 1, h. t. ; 1. 19, § 3, h. t.) : n'est-ce pas dire que vis-à-vis de cette nation amie l'*occupatio* n'aurait pu se produire?

Suivant Paul (D. 1. 19, § 1., h. t.) une simple trève suffit pour faire obstacle à l'application du postliminium ; à plus forte raison un traité d'alliance, quel qu'il soit, doit produire le même effet.

Le fragment suivant de Proculus vient encore à l'appui de cette proposition.

D. 1. 7, pr. h. t. Proculus. « *Non dubito quin fœderati et liberi nobis externi sint, non inter nos atque eos postliminium esse: etenim quid inter nos atque eos postliminio opus est, quum et illi apud nos et libertatem suam et dominium rerum suarum œque atque apud se retineant, et eadem nobis apud eos contingant?*

Liber autem populus est is qui..... »

L'infinitif *postliminium non esse* se construit assez mal avec la conjonction *quin* : Huschke a proposé de remplacer *quin* par *quamvis*, ce qui donne à la phrase plus d'élégance et de précision.

La première partie de ce texte définit ce qu'il faut entendre par *externi populi*, et cette définition se lie à l'idée du postliminium; puis vient la définition des *liberi populi*.

Il est probable que ces deux définitions se rapportaient dans l'ouvrage même de Proculus à une définition antérieure du postliminium. Il avait commencé par définir le postliminium, et cette définition, comme celle que Paul nous présente dans le prœmium de la loi 19, renfermait les mots *extraneus* et *liber populus*; Proculus sentait ensuite le besoin de restreindre ce qu'il pouvait y avoir de trop large dans ces deux expressions.

Le postliminium se produit à l'égard des étrangers, mais il ne se produit pas à l'égard de tous les étrangers : les *fœderati* sont certainement des étrangers, et cependant entre eux et nous le postliminium est inutile, car l'*occupatio bellica* ne se produit pas.

Puis Proculus définit le *liberi populi*.

Cette explication de la loi 7 est aussi simple que naturelle, elle concorde parfaitement avec le texte de Pomponius que nous avons précédemment cité. Et cependant presque tous les interprètes la repoussent; ils allèguent à cet effet deux raisons.

La première est que Proculus écarterait ainsi l'application du postliminium vis-à-vis des *fœderati et liberi*, tandis que Paul dans la loi 19 fait précisément intervenir le postliminium à l'égard des *populi liberi regesque*. Cette objection ne nous paraît pas sérieuse, le mot *liberi* n'est pas pris dans le même sens dans les deux lois.

Le seconde objection est plus grave : elle se tire d'un texte de Festus d'après Ælius Gallus, qui dit positivement que le postliminium se produit entre peuples alliés, contrairement à la propo-sition que nous avons formulée plus haut, contrairement aussi au texte de Pomponius que nous avons précédemment cité.

Prenant pour point de départ le fragment d'Ælius Gallus, les commentateurs se sont efforcés d'interpréter dans le même sens le texte de Proculus.

La Vulgate et avec elle Haloander ont imaginé de mettre la négation *non* après *externi :* « *non dubito quin fœderati et liberi nobis externi non sint.* » Mais comment faire dire à Proculus que les peuples alliés et libres ne sont pas des peuples étrangers ? Cette correction d'ailleurs ne lève nullement la contradiction signalée entre les deux textes.

Grotius, Cujas, de Retes et la plupart des commentateurs de Festus se sont efforcés de faire disparaître cette antinomie en introduisant certaines distinctions parmi les peuples alliés.

Suivant Grotius (*De jure belli ac pacis*, 111, 9) il faudrait opposer ici aux traités d'alliance proprement dits, les traités dont le seul objet est de mettre fin à la guerre; mais ces derniers traités ne créent point entre les peuples qui les font la qualité de peuples alliés, et du moment que Grotius n'établit pas deux catégories distinctes de peuples alliés, son observation ne résout en rien la difficulté.

Cujas (*obscrv.* XI, 23, XXVII, 33) et de Retes (Meerman's *Thesaur.* VI, 284) distinguent suivant que le traité d'alliance constitue un *fœdus par* ou *impar*, le postliminium se produit dans le premier cas, il ne se produit pas dans le second. La division des *fœdera* en *fœdera paria* et *imparia* est effectivement indiquée par Cicéron et par Tite-Live, mais rien ne nous autorise à introduire ici cette distinction, les textes de Pomponius et de Proculus sont précis en sens contraires (D. 15, § 2, et l. 7, § 1, h. t.).

Des nombreux systèmes imaginés pour concilier la loi 7 de notre titre avec le fragment d'Ælius Gallus, aucun ne nous paraît acceptable; et nous nous voyons forcé de revenir à l'interprétation de cette loi que nous avions tout d'abord proposée. Nous y revenons d'autant plus volontiers, que la doctrine qui résulte de cette interprétation est conforme aux principes généraux de la matière, et se trouve confirmée par les différents textes que nous avons déjà cités. Si le fragment d'Ælius Gallus nous présente une doctrine contraire, nous aurons le droit de l'examiner avec une certaine défiance, et si une correction nous paraît indispensable pour concilier nos deux textes, c'est sur celui d'Ælius Gallus que la correction devra porter.

Voici comment ce fragment est conçu :

Festus, s. v. postliminium. — « *Cum populis liberis et cum fœderatis (? edd. confœderatis) et cum regibus postliminium nobis est ita, uti cum hostibus. Quae nationes in opinione nostra sunt, cum his...... procul sint.* »

Depuis longtemps on a proposé de remplacer *procul sint* par *procul est*, dans le sens de *postliminium non est*. Nous n'avons plus à nous préoccuper de la signification de ces deux mots, car Otto Müller a démontré qu'entre ces mots et ceux qui les précèdent, le manuscrit présente une lacune de six feuilles entières (Richter, *Annuaire* 1837, p. 874).

Dans la première partie du texte, Ælius Gallus nous dit que le postliminium se produit vis-à-vis des *fœderati*, comme à l'égard des *hostes* ; dans la seconde partie il indique une nouvelle catégorie de peuples qui doivent être traités différemment : quels sont ces peuples ? C'est ce qu'on ne voit pas bien, car les expressions insolites « *quae in opinione nostra sunt* » ne présentent aucun sens bien déterminé. Aussi à l'exception de de Retes, qui les entend dans le sens de « *quae in amicitia nostra sunt* », ce qui est arbitraire, les commentateurs sont d'accord pour reconnaître ici la nécessité d'une correction, et d'ordinaire on remplace avec Cujas *opinione* par *ditione*. Cette correction approuvée par Huschke et par Otto Müller est satisfaisante ; Ælius Gallus oppose ainsi aux nations vis-à-vis desquelles se produit le postliminium, les peuples sujets et dépendants de Rome vis-à-vis desquels il ne peut se produire.

Cette correction toutefois ne lève en aucune

manière la contradiction qui nous arrête, elle laisse intacte la première phrase, d'où résulte cette contradiction. C'est précisément l'authenticité de cette première phrase qui nous semble douteuse. Observons en effet la bizarrerie de cette énumération « *cum populis liberis et cum fœderatis et cum regibus* ». Les auteurs latins désignent souvent les peuples étrangers sous ces mots : « *populi liberi regesque* » ; ils les distinguent ainsi suivant la forme de leur gouvernement ; mais que cette division reçoive un troisième terme, c'est ce dont on chercherait en vain un second exemple. Que viennent faire d'ailleurs les *populi fœderati* entre les *populi liberi* et les *reges?* Dira-t-on que l'énumération ne comprend que deux termes, que les *fœderati* et les *reges* sont une subdivision des *populi liberi?* Le texte permet cette interprétation, mais elle est encore plus illogique que la précédente.

Il nous semble évident que le fragment a été altéré, il faut le rétablir dans sa teneur primitive : comment se fera la correction?

Une irrégularité du texte nous en indique la place : le manuscrit réunit, *cum* et *fœderatis* en un seul mot *cumfœderatis*, la plupart des éditeurs au contraire les séparent et lisent *cum fœderatis;* faisons comme eux, et de plus remplaçons *cum* par *non* : ce léger changement suffit pour donner à la phrase la précision qui lui manque et pour faire disparaître l'antinomie qui existe entre ce

fragment et les textes de Pomponius et de Proculus.

« *Cum liberis populis et non fœderatis et cum
regibus postliminium nobis est ita, uti cum hostibus.
Quae nationes in ditione nostra sunt, cum his
(postliminium non est).* »

Cette correction nous paraît des plus heu-
reuses, elle est due à M. Hase.

Mais M. Hase ne s'en est point tenu là : con-
vaincu que la seconde phrase d'Ælius Gallus devait énumérer, par opposition aux *liberi non fœderati*, toutes les variétés de peuples amis et de
peuples sujets à l'égard desquels le postliminium
ne se produit pas, il développe, comme il suit, la
correction de Cujas.

> *Quae nationes in*
> *[ditione, arbitratu, amicitia]*
> *[h]ospiciove nostro sunt, cum his*
> *[postliminium non est.]*

Postliminium non est se trouvait sur la page
suivante. Le copiste, suivant M. Hase, aurait
confondu *ditione* qui commençait l'avant-dernière
ligne avec *hospiciove* qui commençait la dernière, et réunissant ces deux mots en un seul
« *opinione* », qui en effet ressemble à l'un et à
l'autre, il aurait sauté l'avant-dernière ligne.

Cette correction est ingénieuse et fait honneur
à l'imagination de M. Hase; mais nous la croyons
inutile. Avec la première correction de M. Hase,
non au lieu de *cum*, et avec celle Cujas, *ditione* au

lieu de *opinione*, la construction du texte devient régulière, et la contradiction qui nous arrêtait jusqu'alors disparaît d'elle-même : ce résultat doit suffire à l'ambition d'un commentateur prudent.

Nous savons dans quels cas se produit l'*occupatio bellica* qui est la base essentielle du postliminium ; mais d'autres conditions encore sont exigées pour l'application du postliminium : examinons ces conditions.

Section II. — *Dans quel cas revient* jure postliminii *la* res postliminii *qui a été l'objet d'une* occupatio bellica.

Les conditions dont nous avons à parler se rapportent soit à la manière dont la *res postliminii* tombe au pouvoir de l'ennemi, soit à la manière dont elle revient.

Étudions d'abord les premières.

§ I. — *Comment doit tomber aux pouvoirs de l'ennemi la* res postliminii?

S'agit-il d'un esclave ou d'une autre chose? il suffit que l'ennemi s'en soit emparé, nous n'avons rien de plus à rechercher.

A l'égard des personnes, la question n'est pas aussi simple : il faut que la captivité se soit produite contre leur volonté.

Le bénéfice du postliminium est refusé aux transfuges : le transfuge n'est plus rattaché à la cité par aucun lien, il est *hostium loco* (D. 1. 19, § 4, h. t. Paul ; l. 44 *e quibus caus. maj.* IV, 6, Callistratus). Des peines sévères sont même portées contre lui (D. l. 3, § 6, *ad leg. Cornel. de sicar.* XLVIII, 8, Marcien).

D'ordinaire, dans les traités de paix, on convenait de se rendre mutuellement les transfuges (Denys d'Halicarnasse, VI, 21 ; Tite-Live, XXXVIII, 9 ; XXXI, 10 et 19).

On assimile au transfuge le prisonnier qui, pouvant revenir, a négligé de le faire, ou encore celui qui s'est laissé surprendre dans l'enceinte du camp, *in præsidio*, à moins qu'il n'ait été enlevé à l'improviste (D. l. 15, § 5, *de re militari*, XLIX, 16, Arrius Menander).

Le postliminium qui ne se produisait pas en faveur de l'homme libre transfuge se produisait au contraire à l'égard de l'esclave transfuge : l'exclusion du postliminium en pareil cas n'aurait pas frappé l'esclave, mais le maître de l'esclave (D. l. 19, §§ 4 et 5 h. t. Paul).

L'exclusion était maintenue à l'égard du fils de famille : l'intérêt du père ne pouvait prévaloir contre l'intérêt de la cité (D. l. 19, § 7, h. t. Paul).

Paul prévoit le cas où le transfuge est un *statulibes* (D. l. 19, § 6, h. t.) : si le *statulibes* revient *pendente conditione*, il est traité comme le transfuge esclave, le postliminium se produit à son égard ; s'il revient après l'accomplissement de la condition, il est traité comme le transfuge libre, le postliminium ne se produit pas en sa faveur.

Cette double décision est parfaitement logique: mais on arrive à un résultat singulier : le *statuliber*, tant qu'il demeure *apud hostes*, a intérêt à ce que la condition ne s'accomplisse pas.

Le bénéfice du postliminium est également refusé à ceux qui se sont rendus à l'ennemi, c'est-à-dire à ceux dont la captivité n'a d'autre cause que leur propre lâcheté : le postliminium a pour objet de remédier non à la *captivitas* elle-même, mais à la *necessitas captivitatis* (C. 1. 19, h. t. Grat. et Valent.).

L'histoire romaine nous montre plus d'une fois le sénat et les comices refusant de consentir au rachat des prisonniers : c'est ainsi qu'après la bataille de Cannes, plutôt que de racheter les hommes libres, le sénat, sur la proposition de Manlius Torquatus, résolut d'armer huit mille esclaves (Tite-Livè, XX, 61).

La question suivante était parmi les jurisconsultes romains l'objet d'une controverse célèbre.

Les Romains livraient parfois l'un des leurs à l'ennemi ; le fait se produisait lorsque l'un d'eux avait porté atteinte à l'inviolabilité des ambassadeurs, ou lorsque l'un de leurs généraux avait conclu avec l'ennemi un traité ignominieux qu'ils refusaient de ratifier. La *deditio* était faite par le prince des féciaux, le *pater patratus*, suivant un rite particulier que Tite-Live nous fait connaître (IX, 10). Lorsque la *deditio* était acceptée par l'ennemi, on convenait que le *deditus* ne pouvait revenir *jure postliminii* : « *memoria proditum est*, nous dit Cicéron (*de Oratore*, 1, 40), *quem..... pater patratus dedisset, ei nullum esse postliminium.* » Mais il arrivait parfois que l'ennemi n'acceptait point la *deditio* dans laquelle il refusait de voir une compensation suffisante pour le tort qui lui était causé ; on se demandait alors quelle était la condition du *deditus*, et si l'exclusion du *postliminium* devait être maintenue. La question se posa notamment à l'égard d'Hostilius Mancinus que les Numantins avaient refusé de recevoir.

Brutus et Cicéron étaient d'avis qu'en pareil cas le postliminium se produisait, et ils invoquaient ce motif : « *neque deditionem neque donationem sine acceptatione intelligi posse* » (*Topic.* cap. 8) ; motif peu concluant, car une règle de droit civil n'a point cours nécessairement dans le droit des gens.

L'opinion contraire avait généralement prévalu : on fit une loi spéciale pour rendre à Hostilius Mancinus le droit de cité (D. l. ult. *De legation.* 4, VII, Pomp.). Dans une circonstance analogue, lorsque les Corses refusèrent de recevoir Marcus Claudius, qui avait signé avec eux un traité ignominieux, loin de le considérer comme revenu *jure postliminii*, le sénat ne vit en lui qu'un esclave dépourvu de tout droit civil, et le fit mettre honteusement à mort (Valère-Maxime, XI, 3, 3.).

Enfin Modestin déclare que le *deditus non receptus* ne recouvre point le droit de cité, tant
qu'une réception solennelle n'a pas effacé la
deditio. (D. 1. 4, h. t.).

La Glose, Cujas et Grotius ont défendu sur ce
point la doctrine de Brutus et de Cicéron : l'opinion qui a prévalu nous paraît cependant mieux
justifiée. Pour bien apprécier le caractère de la
deditio, il faut se placer au point de vue religieux.
Le crime de l'un des citoyens a attiré sur la cité
la colère des dieux, c'est cette colère qu'il faut
apaiser, et tel est le but de la *deditio* : *ut reli-
gione civitas solvatur*, c'est Cicéron lui-même qui
nous le dit (Pro Cæcina, c. 34). D'après cela il
est facile de comprendre que la volonté de l'ennemi ne peut influer sur la condition du *deditus* :
il a été solennellement expulsé de la cité, rien ne
peut l'y faire rentrer qu'une décision solennelle
du sénat ou du peuple.

§ 2. — *Comment doit s'effectuer le retour de la
res postliminii ?*

Il faut distinguer suivant qu'il s'agit d'une
personne ou d'une chose.

A l'égard de l'homme libre, deux conditions
sont exigées, le retour effectif sur le territoire
de Rome ou d'une nation amie, et le retour avec
l'intention de recouvrer le droit de cité.

Les jurisconsultes romains se servaient ici de
deux mots empruntés à la matière de la posses-

sion, le prisonnier doit revenir, disaient-ils, *corpore et animo* (D. l. 5, § 9, h. t. Tryphoninus; l. 26, h. t. Florentinus).

Il doit revenir *corpore*; le retour sur le sol d'un peuple ami ou allié est assimilé au retour sur le sol romain, Paul en donne le motif suivant : « *quia ibi primum nomine publico tutus esse inci-» piat* » (D. l. 19, § 3, h. t.). Il ne suffit point que le prisonnier soit *tutus privato nomine*; la sécurité personnelle qu'il doit aux bonnes grâces de l'ennemi ne compte pas, il faut qu'il se trouve sous la protection d'un gouvernement tenu de lui assurer le libre exercice de ses droits et de sa liberté.

Il doit revenir *mente* ou *animo*; il doit avoir l'*animus revertendi* (D. l. 5, § 3, h. t. Typhoninus). La patrie romaine ne s'impose pas, nul n'est citoyen romain malgré lui ; mais d'un autre côté nul ne peut être citoyen de deux cités à la fois (Cicéron, *pro Balbo*, 11 et 12). Le prisonnier qui adopte pour patrie nouvelle le pays où il a été emmené rompt par cela même tous les liens qui le rattachaient à la cité romaine ; il ne revient point *jure postliminii*. Toutefois le fait qu'il a été affranchi par l'ennemi ne suffit point pour faire présumer ses intentions. C'est au moment où il rentre à Rome qu'il doit manifester l'*animus revertendi*.

Pomponius, dans la loi 5 de notre titre, cite l'exemple de Regulus : le serment qui le liait suffisait pour faire obstacle au postliminium. Cette idée est indiquée par Aulu-Gelle (VII, 18) à propos des dix Romains qu'Annibal, après la bataille de Cannes, avait envoyés à Rome pour proposer au sénat l'échange des prisonniers : leurs parents les pressaient de demeurer à Rome, ils étaient revenus, disait-on, *jure postliminii :* huit résistèrent à ces instances : « *postliminium justum non esse* » *quoniam dejurio vincti forent.* »

Publius Menander était un Grec que les Romains avaient amené à Rome où il avait été affranchi : plus tard il était retourné en Grèce pour servir d'interprète aux Romains : on fit une loi pour lui conserver la cité romaine. Cette loi était inutile, comme le fait remarquer Pomponius (l. 5, h. t.) ; s'il était revenu auprès des siens, *animo revertendi*, il avait perdu par l'effet du postliminium la qualité de citoyen romain, que l'affranchissement lui avait fait acquérir, et la loi nouvelle n'y pouvait rien ; si l'*animus revertendi* lui avait fait défaut, il était demeuré citoyen romain et la loi était superflue. Peut-être dans les premiers temps n'exigeait-on point aussi strictement l'*animus revertendi*; à l'origine, en effet, il devait arriver bien rarement qu'un homme libre revînt de captivité sans avoir cet *animus*, la question ne pouvait être soulevée.

A l'égard des esclaves et des choses on n'exigeait point l'*animus revertendi* : les choses n'ont point de volonté, ou si elles en ont une, comme les esclaves, on ne doit point en tenir compte (D. 1, 12, § 9; h. t. Tryphoninus).

Mais une autre condition était requise : il fallait que la chose fût l'objet d'une sorte de prise de possession, destinée à effacer les effets de l'*occupatio bellica*. Chez les personnes cette condition se confondait avec la condition de l'*animus revertendi*, la personne a une volonté libre et par cette volonté elle prend en quelque sorte possession d'elle-même. Pour les choses, au contraire, on exigeait une prise de possession matérielle, soit de la part de l'ancien propriétaire, soit de la part de tout autre citoyen : il fallait qu'une *occupatio* nouvelle créât un *dominus* romain, c'est à ce moment seulement que renaissaient les droits du propriétaire antérieur.

C'est à cette condition que font allusion les mots suivants de Tryphoninus dans la loi 12, § 9 de notre titre : « *si eum nactus dominus ipsius vetus intra præsidia nostra fuisset.* »

Paul dans une note sur Labéon, qui forme la dernière loi de notre titre, est plus net et plus précis. Labéon a posé en principe que deux conditions sont nécessaires pour l'application du postliminium, il faut que la chose soit de retour sur le sol romain, il faut de plus qu'elle ait l'*animus revertendi*. Paul démontre, en prenant l'esclave pour exemple, qu'à l'égard des choses la règle n'est pas exacte : l'*animus revertendi* doit être remplacé par une prise de possession qui crée un nouveau maître romain. Peu importe que l'esclave se trouve dans la ville même de Rome : si « *neque in domini sui potestate sit, neque ulli serviat* », le postliminium ne s'accomplit pas.

On ne s'occupe pas de savoir comment la *res postliminii* est sortie des mains de l'ennemi ; que le prisonnier s'échappe par ruse, par force ou de toute autre manière, peu importe (D. l. 26, h. t. Florentinus) ; nous verrons cependant que le rachat modifiait considérablement la situation.

Le moment du retour au contraire est loin d'être indifférent : le postliminium ne se produit qu'autant qu'au moment où le retour s'effectue, l'*occupatio bellica* est encore possible : c'est la conséquence des idées que nous avons développées dans la première section de notre chapitre. Un Romain est fait prisonnier *in bello*, et la guerre se termine par un traité d'alliance ; ou bien il tombe entre les mains des barbares, puis ces barbares deviennent les alliés de Rome : la conclusion du traité d'alliance fait perdre au prisonnier, qui n'est pas encore revenu à Rome, tout espoir de retour *jure postliminii*. Et en effet ce traité a modifié les rapports des deux peuples : auparavant, le fait entre eux tenait lieu de droit : c'est le droit maintenant qui prévaut sur le fait, il ne peut y avoir place pour l'*occupatio bellica*, ni par suite pour le postliminium. Que le prisonnier s'échappe et revienne auprès des siens, c'est un fait et rien de plus : le maître ennemi dont la loi romaine garantit les droits a perdu la possession de son esclave, sans en perdre la propriété ; même à Rome le prisonnier demeure sa chose.

Pomponius fait allusion à cette règle, lorsque dans la loi 5 de notre titre, il fait du retour des

prisonniers *eodem bello* la condition nécessaire
du *postliminium in bello*. Tryphoninus développe
la même idée dans la loi 12, mais le texte de
Tryphoninus a évidemment besoin d'une correction.

D. l. 12, pr. h. t. — « *In bello postliminium
est, in pace autem his, qui bello capti erant, de
quibus nihil in pactis erat comprehensum. Quod
ideo placuisse Servius ait, quia spem revertendi
civibus in virtute bellica magis quam in pace Ro-
mani esse voluerunt. Item in pace qui pervenerunt
ad alteros, si bellum subito exarsisset, eorum servi
efficiuntur, apud quos jam hostes suo facto depre-
henduntur, quibus jus postliminii est tam in bello
quam in pace, nisi fœdere cautum fuerat ne esset
his jus postliminii.* »

Le motif donné par Servius montre clairement
qu'après la paix le prisonnier ne pourra plus revenir *jure postliminii*, si le traité ne contient une
clause spéciale en sa faveur. Mais le mot *nihil*
indique précisément le contraire : on convient
généralement que *nihil* doit être remplacé par *id*.

Le texte ainsi modifié nous présente la doctrine suivante : le Romain pris *in bello*, qui ne revient point à Rome *eodem bello*, perd le droit de
revenir *jure postliminii*, à moins qu'une clause
spéciale du traité, la clause : *ut his sit jus postliminii*, ne lui réserve ce privilége. Toutefois si le
prisonnier n'est pas un soldat, mais un simple
particulier, un commerçant, qui se trouvait sur
le territoire ennemi, lors de la déclaration de

guerre, la clause dont nous venons de parler est toujours sous-entendue en sa faveur : le bénéfice du postliminium lui appartient de droit, à moins que le traité ne porte une clause contraire : *ne his sit jus postliminii*.

La théorie qui précède nous permet de comprendre le passage suivant de Cicéron.

De Oratore, 1, 40. — « *Si quis apud nos servisset e populo fœderato seseque liberasset, ac postea domum venisset, quæsitum est apud majores nostros, num is ad suos postliminio rediisset, et amisisset hanc civitatem.* »

Un ennemi a été fait prisonnier *in bello* par les Romains : la guerre finie il est demeuré à Rome en qualité d'esclave; puis, après avoir été affranchi, il est retourné auprès de ses concitoyens qui maintenant sont les alliés de Rome. D'après ce que nous avons dit précédemment, il est clair qu'il ne reviendra point dans sa patrie *jure postliminii*, et il ne perdra point la cité romaine que son affranchissement lui a fait acquérir; mais on conçoit qu'autrefois la question eût fait doute, c'est ce qu'indique Cicéron.

L'explication de ce passage ne nous paraît nullement douteuse, et nous ne comprenons pas que Grotius se soit fondé sur ce texte pour soutenir, contrairement à ce que nous avons établi plus haut, que le postliminium se produisait vis-à-vis des peuples alliés (*De jure belli ac pacis.* 9, 18, 111).

Nous savons à quels objets s'applique le post-

liminium et dans quelles circonstances il se produit : il nous faut maintenant en étudier les
effets.

CHAPITRE III.

DES EFFETS DU POSTLIMINIUM.

Le postliminium est une fiction qui efface les
effets de l'*occupatio bellica* et qui fait revivre
rétroactivement tous les droits que cette *occupatio*
a détruits.

Le principe est très-simple, l'application du
principe soulève parfois de grandes difficultés.
Jusqu'à quel point un droit se trouve-t-il anéanti
par l'effet de l'*occupatio bellica*; quelles mesures
convient-il de prendre durant cette *occupatio* afin
de faciliter dans la suite l'application du postliminium; jusqu'où s'étendent les effets répara-
teurs du postliminium : ce sont là des questions
sur lesquelles influent nécessairement la nature
et le caractère spécial de chaque droit. Si donc
nous voulons établir une théorie complète des
effets du postliminium, il nous faut prendre les
différents droits les uns après les autres et examiner comment se produit pour chacun d'eux
l'application du postliminium.

La question offrait un intérêt particulier, lorsque la *res postliminii* était une personne : c'est le cas auquel se réfèrent la plupart de nos textes; elle présentait moins de difficultés lorsque c'était un esclave ou une autre chose. Occupons-nous d'abord des effets du postliminium à l'égard des personnes.

SECTION I. — *Des effets du* postliminium *à l'égard des personnes.*

Le prisonnier est *servus hostium* : la *capitis deminutio magna* qu'il a encourue lui a fait perdre tous ses droits antérieurs, droits politiques et droits de famille, droits sur les personnes et droits sur les choses. L'étendue des pertes qu'il a subies détermine l'étendue des secours que doit apporter le postliminium. Les textes nous présentent l'application du postliminium dans les termes les plus généraux : « *perinde omnia ei restituuntur jura ac si captus ab hostibus non esset* » (D. 1. 5, § 1, h. t., Pomponius) ; d'où nous concluons qu'en principe le postliminium rétablissait tous les droits que l'*occupatio bellica* avait détruits : nous n'admettrons d'exceptions qu'autant qu'elles seront expressément indiquées par les textes.

Examinons successivement les effets du post-liminium sur les droits qui constituent l'état des personnes, droits publics et droits de famille, sur les doits qui portent sur les biens et sur les droits de succession.

§ 1ᵉʳ. — *Des effets du* postliminium *sur les droits qui constituent l'état des personnes.*

Les décisions de nos textes se rapportent presque toujours au droit privé : on pourrait hésiter à appliquer le postliminium aux droits publics et politiques ; la généralité du texte de Pomponius que nous venons de citer doit écarter tout scrupule à cet égard.

Hostilius Mancinus n'hésita point à venir reprendre sa place au sénat ; s'il en fut expulsé dans la suite, c'est sur l'observation des tribuns, qu'il n'était point revenu *jure postliminii.*

L'affranchi pris par l'ennemi retrouvait à son retour la condition d'affranchi. Le soldat recouvrait le rang qui lui appartenait, le temps de la captivité lui était compté comme temps de service, et il pouvait se trouver vétéran à son retour : toutefois la solde ne lui était point rendue rétroactivement, et si pendant la captivité des largesses avaient été faites à ses camarades, il ne pouvait en réclamer sa part (C. l. 1, *De re militari*, XII, 36).

Les condamnés revenaient avec la qualité de condamnés, *in causam suam recidunt* : il y avait pour ainsi dire postliminium au profit de la peine (D. l. 6, h. t. Pomponius ; — l. 12, § 15, h. t. Tryphoninus).

Les droits de famille qui doivent nous occuper particulièrement sont au nombre de trois : la puissance paternelle, le mariage, la tutelle.

A. *La puissance paternelle.* — Que ce fût le père ou le fils qui fût pris par l'ennemi, la puissance paternelle était détruite ; les deux cas se combinaient lorsque le père et le fils étaient pris l'un et l'autre.

Le père est fait prisonnier : Gaius (*Inst.* 1, 129), Ulpien (fr. X, 4) et Paul (*Sent. recep.* 11, 25, § 1) traitent cette hypothèse dans des termes à peu près semblables : le postliminium rétablit la puissance paternelle que la captivité a détruite, c'est l'application de la règle.

Est-il bien exact de dire que la captivité ait détruit la puissance paternelle? Le fils dont le père est prisonnier est-il véritablement *sui juris ?* Les jurisconsultes romains ne paraissent pas l'avoir entendu de la sorte, pour eux la puissance paternelle subsiste provisoirement : *patria potestas in filio interim pendebit, pendet jus liberorum propter jus postliminii.* De nos jours on dirait que le père est demeuré *paterfamilias* sous condition résolutoire, et que le fils est devenu *sui juris* sous condition suspensive.

Certains textes, sans indiquer expressément cette idée, donnent sur des points particuliers des décisions qui la supposent.

Ainsi le père prisonnier a laissé *in civitate* un fils impubère : si la puissance paternelle est détruite, si l'impubère est *sui juris*, il faut lui donner un tuteur. Ulpien décide cependant qu'il n'y a pas place ici pour la tutelle ; on nommera simplement un curateur aux biens. (D. 1. 6, § 4,) *De tutelis*, XXVI, 1). N'est-ce pas dire clairement que la puissance paternelle subsiste malgré la captivité ?

Le S.-C. macédonien prévoyait le cas où le fils de famille contractait un emprunt ; il fournissait contre les poursuites du préteur le secours d'une exception qui réduisait la dette à l'état d'obligation naturelle. Le père de famille est prisonnier : l'exception pourra-t-elle être invoquée ? Ulpien se prononce pour l'affirmative (D. l. 1, § 1, *De S.-C. Macedonico*; XIV, 16): ce qui suppose évidemment que la puissance paternelle n'est pas détruite.

Sur un point cependant on s'était écarté de cette manière de voir. En principe, le fils de famille ne peut se marier sans le consentement du père ; si donc la puissance paternelle subsiste durant la captivité, le fils dont le père est prisonnier ne pourra contracter de justes noces ; mais la *publica nuptiarum utilitas* avait fait ici déroger à la règle. C'est ce que nous apprend Tryphoninus dans la loi 12, § 3 de notre titre : la décision n'était pas conforme au droit rigoureux, on obéissait aux considérations d'intérêt général, qui avaient provoqué les dispositions des lois Julia et Papia Poppæa.

Les jurisconsultes n'étaient pas tous aussi larges que Tryphoninus ; ils reconnaissaient bien au fils de famille le droit de se marier durant la captivité du père, mais après un certain délai. Ce délai d'ordinaire était fixé à trois ans. Quelques-uns exigeaient aussi que le choix du fils portât sur une personne de condition honorable (D. 1. 9, § 1, *De ritu nuptiarum*, XXIII, 2, Ulpien; — 1. 11, eod. tit. Julien; — 1. 10, eod. tit. Paul).

D'où venait la détermination du délai de trois ans? C'est ce qu'on ne voit pas très-bien : quelques commentateurs ont pensé que l'indication de ce délai avait été ajoutée après coup par les compilateurs de Justinien : c'est assez probable ; les jurisconsultes classiques, Julien notamment, ne devaient pas avoir sur ce point une doctrine aussi précise.

Le mariage, en pareil cas, pouvait être accompagné de *pacta dotalia :* le préteur ou le président de province avaient même mission de constituer une dot à la fille sur les biens du père prisonnier, cette dot suivait le sort de la dot profectice.

Lorsque le fils de famille se mariait durant la captivité du père, les enfants qui naissaient de ce mariage étaient soumis à la puissance du prisonnier, et celui-ci à son retour trouvait ainsi des héritiers siens, dont l'existence lui était inconnue. Tryphoninus indique ce résultat dans le § 3 de la loi 12 de notre titre « *suusque heres et quodammodo invito.* » Julien dans la loi 23 donne la même décision, mais l'espèce qu'il prévoit est plus compliquée: il suppose que le fils qui se marie durant la captivité du père est né lui-même depuis cette captivité.

Ce n'est plus le père de famille, c'est le fils qui tombe au pouvoir de l'ennemi : à son retour deux espèces de postliminium se produisent, l'un actif, l'autre passif ; d'une part, le père recouvre sur lui la puissance que la captivité lui avait fait perdre, d'autre part, le fils est rétabli dans tous les droits qu'il possédait antérieurement ; comme le dit Pomponius (D. 1. 14, h. t.) « *Duplicem in eo causam esse oportet postliminii.* »

Est-il vrai que la captivité du fils ait fait perdre au père la puissance paternelle ? Les textes emploient les mêmes expressions que précédemment : « *potestas patris interim pendebit, in suspenso est* » (Gaius, 1, 129 ; — Intit. I. 12, § 5) : la puissance paternelle n'est pas éteinte, le père demeure *pater familias*, mais sous condition résolutoire.

Paul nous présente à cet égard une espèce curieuse (D. 1. 13, h. t.) : durant la captivité du fils, le père s'est donné en adrogation, puis s'est fait émanciper par l'adrogeant. L'adrogation a transmis à l'adrogeant la puissance éventuelle de l'adrogé sur le fils prisonnier, et l'émancipation ne lui a pas fait perdre cette puissance, car l'émancipation n'a eu trait qu'à la personne de l'adrogé : le fils à son retour se trouvera donc sous la puissance de l'adrogeant.

Quelle était la condition de l'enfant né durant la captivité de ses père et mère ou de l'un d'eux ?

L'enfant qui naît *in civitate* durant la captivité

de son père naît citoyen romain et tombe éventuellement sous la puissance du prisonnier. Mais l'enfant naît lui-même *apud hostes* : puis il vient à Rome : on peut hésiter à lui attribuer le bénéfice du postliminium, car le postliminium suppose le retour de la personne *intra limina imperii* : l'enfant n'a jamais été *intra limina*, on ne peut dire qu'il y revienne.

Cette considération cependant n'arrête pas Ulpien (D. l. 6, § 1 et 2, *De injust. rupt. irrit. test.* XXVIII, 3) : ce jurisconsulte suppose que durant la captivité d'un prisonnier dont le père est demeuré *in civitate*, la femme du prisonnier a mis au monde un enfant ; puis le prisonnier meurt *apud hostes*. D'après la fiction de la loi Cornélia, il est censé mort le jour où il a été pris, il est donc mort avant la naissance de l'enfant, qui par suite est né héritier sien de son grand-père et dont l'agnation rompt le testament de ce dernier. Ce résultat se produira, ajoute le texte, que le petit-fils ait été conçu *in civitate* ou *apud hostes* « *quoniam datus et partui postliminium* » : Ulpien admet ainsi que le petit-fils conçu *apud hostes* revient *jure postliminii*.

Les autres jurisconsultes n'ont pas toujours été aussi affirmatifs dans ce sens : l'anomalie que présente notre espèce n'est pas demeurée inaperçue. Ulpien lui-même dans un autre texte (D. l. 9, h. t.) indique que la question avait fait doute ; mais la difficulté avait été tranchée par un rescrit de Sévère et Antonin, que Marcien cite également dans la loi 25, et qui lui-même forme la loi 1 de notre titre au Code. Les deux empereurs déclarent que, contrairement aux règles du droit strict, l'enfant conçu *apud hostes* reviendra à Rome *jure postliminii* ; toutefois, si l'on veut déterminer la condition de l'enfant vis-à-vis du père, il faut faire une distinction. L'enfant revient-il avec le père? Il est soumis à sa puissance, il a la place et les droits d'un fils de famille. Le père au contraire décède *apud hostes*, l'enfant est un *spurius* ou *vulgo conceptus* ; c'est la conséquence de la fiction de la loi Cornélia : le père est censé mort le jour où il a été pris, il n'a pu donner le jour à un enfant dont la conception est postérieure. La décision serait évidemment différente, si l'enfant né *apud hostes* avait été conçu *in civitate* ; ce serait, pour le père décédé en captivité, un postume sien.

Le texte d'Ulpien que nous avons précédemment cité ne concorde pas très-bien avec la doctrine contenue dans le rescrit. Suivant Ulpien, l'enfant conçu *apud hostes* des œuvres d'un prisonnier qui lui-même décède en captivité, tombe, s'il revient à Rome, sous la puissance de son grand-père : et cependant d'après le rescrit et en vertu de la fiction de la loi Cornélia, cet enfant doit être considéré comme un *spurius* ou *vulgo conceptus*. Ulpien a pensé sans doute que la fiction de la loi Cornélia, qui ne s'appliquait directement ni à la personne du fils ni à la personne du grand-père, ne pouvait avoir pour effet de détruire les rapports qui devaient exister entre eux.

Les règles de la matière ont été modifiées par la novelle 36 de l'empereur Léon : suivant cette novelle, que l'enfant ait été conçu *in civitate* ou *apud hostes*, il recueille dans tous les cas la succession de ses père et mère.

La puissance paternelle subsiste malgré la captivité du père ou du fils : le retour du prisonnier *jure postliminii* confirme cette puissance, comme le fait pour un droit soumis à une condition résolutoire la défaillance de cette condition.

B. — A l'égard du mariage il en est tout différemment : la captivité dissout le mariage, et le postliminium ne le rétablit pas : le mariage ne revit que par l'effet d'un consentement nouveau des deux époux (D.1.1, *De divortiis*, XXIV, 2, Paul; — D.1.12, § 4, h. t. Tryphoninus; — l. 14, § 1, eod. t., Pomponius; — l. 8, eod. t. Paul; — l. 56, *De soluto matrim.*, XXIV, 3, Paul).

D'où vient cette différence ? Pourquoi la captivité qui laisse substituer éventuellement la puissance paternelle, met-elle fin au mariage d'une manière définitive? On considérait sans doute la fragilité d'un lien que la volonté d'une seule partie suffisait à détruire; on tenait compte aussi de l'idée de possession : le mariage romain consistait en grande partie dans le fait, la possession en était un élément essentiel : on appliquait donc ici la règle que nous allons voir appliquée bientôt en matière de possession.

On peut faire sur les textes auxquels nous venons de renvoyer une remarque singulière : trois d'entre eux (D. l. 8, l. 14, § 1 et l. 12, § 4, h. t.) s'occupent des effets du postliminium sur le mariage pour les opposer aux effets du postliminium sur la puissance paternelle : pourquoi rapprocher ainsi deux ordres d'idées qui ne présentent d'ailleurs aucune analogie ?

L'expression insolite que nous rencontrons dans la loi 12, § 4 : « *non tamen in matrimonio est* » nous donne la clef de cette bizarrerie : cette expression indique une interpolation évidente ; au lieu de « *in matrimonio* », le texte de Tryphoninus devait porter « *in manu* ». Après avoir traité de la puissance paternelle les jurisconsultes romains parlaient de la *manus*, c'était parfaitement logique, la *patria potestas* et la *manus* sont deux puissances de même espèce, on disait même de la femme *in manu* qu'elle était pour le mari *loco filiæ*.

De Retes admet comme nous cette interpolation, mais il en conclut que le postliminium ne s'appliquait point à la puissance paternelle et à la *manus* suivant les mêmes règles. On ne voit pas ce qui aurait justifié la différence ; les jurisconsultes romains devaient précisément s'occuper de la *manus* pour la traiter comme ils venaient de traiter la puissance paternelle.

Mais à l'époque de Justinien, la *manus* n'existant plus, les compilateurs ont rapporté au mariage les textes qui en parlaient; et comme la décision finale devait être contraire, ils ont substitué à la forme affirmative de ces textes une forme négative.

La captivité dissout le mariage et le postliminium ne le rétablit pas: cette règle reçoit deux exceptions.

1° Les deux époux partagent la même captivité: le mariage subsiste durant la captivité, car l'enfant conçu *apud hostes* est placé sous la puissance du mari, si l'un et l'autre reviennent à Rome (C. l. 1, h. t. *Sévère et Antonin*).

2° Le prisonnier est un patron qui a épousé son affranchie : Julien pensait que le mariage subsistait malgré la captivité; Ulpien se rallie à son opinion, mais avec un certain embarras (D., l. 45, § 6, *De ritu nuptiarum*, XXIII, 2, Ulpien). Cette manière de voir se fondait sur le respect dû au patron par l'affranchie; c'est l'idée qui avait inspiré la loi Julia, lorsqu'elle défendait à l'affranchie de répudier sans son consentement le patron qui l'avait épousée.

En principe le conjoint du prisonnier est libre; toutefois on lui défend de se marier avant un certain délai. « *Post tempus constitutum* », dit Paul dans la loi 8 de notre titre ; Julien est pl us sévère encore dans la loi 6, D. *De divortiis*, XXIV, 2. Suivant lui, lorsque l'existence du prisonnier est certaine, le conjoint demeuré *in civitate* n'a pas le droit de se remarier; lorsqu'elle est incertaine, le conjoint doit laisser s'écouler un délai de cinq ans : autrement, il s'expose aux peines du divorce.

Paul nous apprend que les mêmes peines pouvaient être infligées à la femme qui, ne s'étant point remariée durant la captivité de son mari, refusait de le reprendre pour époux lorsqu'il revenait à Rome (l. 8, h. t.).

On voit que si théoriquement la captivité dissolvait le mariage, le principe dans la pratique avait reçu quelques tempéraments.

Le texte de la loi de Julien que nous venons de citer, répond à peu près mot pour mot au texte de la novelle 22, c. 7 : Cujas en conclut que le texte de Julien a été remanié par Tribonien, de manière à le rendre conforme au texte de la novelle : de Retes fait observer dans le même sens que le style de la loi 8 n'a pas la précision et la netteté qui se remarquent d'ordinaire dans les fragments de Julien . M. Hase objecte que la novelle 22 est postérieure à la confection du Digeste car elle date de l'année 536, et le Digeste a été promulgué en 533.

Peut-être existait-il déjà une constitution impériale qui ne nous serait point parvenue, et dont la teneur eut été à peu près semblable. Si l'on adopte cette manière de voir, il faut dire également que dans la loi 8 de notre titre les mots « *post tempus constitutum* » ont été introduits après coup par Tribonien.

C. — Il nous reste à dire quelques mots de la tutelle. La tutelle, en ce qui concerne le postlimi-

nium, n'est traitée ni comme la puissance paternelle ni comme le mariage : que ce soit le tuteur
ou le pupille qui soit fait prisonnier, la captivité
met fin à la tutelle, mais le postliminium la fait
revivre (D. 1. 14, § 1, § 2, *De tutelis*, XXVI, 1, Ulpien — D. 1. 8, *De tut. et rat. distrah.* XXVII, 3,
Papinien; — Instit. § 2, *De atiliano tutore*, I. 20).

Que durant la captivité la tutelle n'existe plus,
c'est ce que montrent les expressions de nos textes :
« *desinunt esse tutores* », « *tutela finitur* »; c'est ce
qui résulte aussi par voie de conséquence de la
loi 7, § 1 (D. *De tut. et rat. distrah.* XXVII, 3)
d'Ulpien. Les cautions fournies par un tuteur ne
peuvent être poursuivies qu'autant que la tutelle a
pris fin, c'est alors seulement que se trouve *com-
mise* la stipulation « *rem pupilli salvam fore* »
Ulpien permet d'agir contre les cautions, dès que
le tuteur est tombé entre les mains de l'ennemi :
n'est-ce pas dire que la captivité a réellement
mis fin à la tutelle ?

Il est curieux de rapprocher ce texte de la loi
qui permet d'opposer le S.-C. macédonien durant la
captivité du père (D. 1. 1, § 1. *De S.-C. Macedo-
niano*, XIV, 16, Ulpien). Durant la captivité la
puissance paternelle subsiste, mais sous condition
résolutoire, c'est le décès du prisonnier *apud hostes* qui constitue la condition résolutoire : la tutelle au contraire n'existe plus, ou du moins
l'existence de cette tutelle est subordonnée au
retour du prisonnier comme à une condition
suspensive.

Cette différence se justifie aisément ; la puissance paternelle et la tutelle ne sont pas des droits de même nature : la première est une *potestas* proprement dite, et la seconde n'est guère qu'une fonction, *munus publicum*.

Du reste, si la captivité du tuteur met fin à la tutelle qu'il exerçait, l'espoir du postliminium suffit cependant pour écarter la tutelle légitime. Lorsque plusieurs tuteurs exercent conjointement la tutelle, si l'un d'eux est fait prisonnier, les autres prennent sa place, comme ils le feraient, s'il était tué : « *interim soli compatroni tutores sunt* » (D. l. 3, § 5, *De legit. tutor.* XXVI, 4, Ulpien) ; mais si le tuteur qui tombe entre les mains de l'ennemi est un tuteur testamentaire qui exerçait seul la tutelle, la tutelle n'est point déférée aux agnats ; on nomme un tuteur en vertu des lois *Atilia*, *Julia* et *Titia* (Inst. § 2, *De Atilian. tut.* 1, 20 ; — D. l. 1, § 2, *De legit. tut.* XXVI, 4, Ulpien).

Nous devons examiner ici un texte d'Ulpien qui donne lieu à de grandes difficultés : ce texte paraît dire en effet que le transfuge conserve la qualité de tuteur.

D. l. 15, *De tutelis*, XXVI, 1 : « *Si quis tutor non sit captus ab hostibus, sed missus ad eos quasi legatus, aut etiam receptus ab eis, aut transfugerit, quia servus non efficitur, tutor manet, sed interim a præsidibus alius tutor dabitur.* »

Que la tutelle soit maintenue en faveur de l'ambassadeur qui agit dans l'intérêt de l'État et

qui est couvert par son inviolabilité, cela se
conçoit ; encore le motif donné par Ulpien « *quia
servus non efficitur* » paraît-il singulier. Mais
étendre le même privilége au transfuge et au *receptus ab hostibus*, voilà qui se comprend difficilement ; s'ils ne sont pas réduits en esclavage, au
moins ont-ils perdu le droit de cité, et la *capitis
deminutio media* suffit pour mettre fin à la tutelle.

On a souvent essayé de modifier notre texte :
Doneau, de Retes, Noodt et Wissenbach, Anto-
nius, Cannegieter ont proposé diverses corrections dont aucune n'est satisfaisante.

D'autres commentateurs ont suivi une voie
différente : ils ont maintenu le texte et la décision
d'Ulpien, mais ils se sont efforcés d'en rendre
compte.

D'après Cujas (*Observ.* l. 4, c. 9) la perte de
la cité n'emporte pas toujours la perte de la
tutelle : il faut distinguer suivant que celui qui
perd la cité romaine en acquiert une autre ou
demeure sans patrie : dans le second cas la tutelle
prend fin, c'est ce qui arrive pour le déporté ; dans
le premier cas elle persiste, car il n'est pas défendu de déférer la tutelle à un étranger, c'est ce
qui se produit pour le transfuge.

Cette distinction est formellement contredite
par les Institutes : « *Sed et capitis deminutione
tutoris, per quam libertas vel civitas ejus amittitur, omnis tutela perit* » (§ 4, quib. mod. tut.
finit. 1, 22). Il n'est pas vrai non plus que la tutelle puisse être déférée à un étranger : dans

le texte cité par Cujas un *muni ceps* est nommé tuteur, mais tuteur d'un autre *municeps* (D. 1. 10, *De tutel.* XXVI, 1, Ulpien).

L'explication de Cujas n'a jamais eu grand succès ; celle de Lycklama (*Membran.* lib VII, eclog. 35, § 1), appuyée de nos jours par Glück et par Rüdorf, a rencontré plus de faveur. La fuite du transfuge ne suffit point, dit-on, pour lui faire perdre le droit de cité : la *capitis deminutio* ne se produit qu'après le jugement qui déclare le transfuge ennemi de la patrie et prononce la confiscation de ses biens : jusque-là le transfuge demeure citoyen romain et tuteur.

Cette manière de voir est arbitraire : les textes nous disent que le transfuge perd la cité romaine, aucun d'eux ne suppose un jugement préalable : il est de principe d'ailleurs que nul n'est citoyen romain malgré lui.

M. Hase enfin propose une dernière explication qui nous paraît encore la plus acceptable : d'après lui, les mots « *aut etiam receptus ab eis aut transfugerit* » n'indiquent point une catégorie nouvelle de personnes, ils se rattachent à ce qui précède « *missus ad eos quasi legatus* » : et voici quelle est l'espèce prévue. Un ambassadeur romain est retenu par l'ennemi au mépris du droit des gens, ou bien il demeure *apud hostes* en qualité de transfuge : cet ambassadeur conserve tous les droits qu'il avait à Rome et avec eux les droits de tutelle. Sa personne est revêtue d'un caractère sacré qui le protége contre les vio-

lences de l'ennemi, et jusqu'à un certain point
contre sa propre volonté; tant qu'une décision
solennelle ne l'a pas dépouillé de ce caractère,
il n'est pas permis de voir en lui un transfuge, il
demeure citoyen romain et tuteur.

Le motif mis en avant par Ulpien concorde
assez bien avec cette interprétation *quia servus non efficitur* : les ennemis ont pu mettre la
main sur sa personne, mais *l'occupatio bellica* ne
s'est pas produite, l'inviolabilité de l'ambassadeur y mettait obstacle.

Nous avons terminé ce qui concerne les droits
relatifs à l'état des personnes; occupons-nous des
droits qui portent sur les biens.

§ II — *Des effets du postliminium sur les droits
relatifs aux biens.*

Le prisonnier est esclave et comme tel il ne
peut être ni propriétaire, ni créancier, ni débiteur;
la captivité lui a fait perdre tous les droits pécuniaires qu'il possédait auparavant, en même temps
qu'elle l'a déchargé de toutes ses obligations : ces
droits et ces obligations renaissent *jure postliminii*, dès qu'il revient à Rome.

Toutefois l'absence du prisonnier entraînait
un certain nombre de maux auxquels le postliminium ne pouvait remédier; le défaut de surveil-
lance et le gaspillage amenaient des pertes que
rien ne pouvait réparer. L'espoir du postliminium avait fait introduire ici un mode de secours

particulier : on assimilait le prisonnier au *rei-
publicae causa absens*, et l'on nommait un *curator bonorum* provisoire, chargé d'administrer son
patrimoine. Ce curateur était désigné par le préteur ou par le président de la province, d'ordinaire sur la demande des plus proches parents.
Lorsque le prisonnier était un impubère, le S.-C.
Tertullien faisait un devoir à la mère de provoquer cette nomination, sous peine de certaines
déchéances (D. 1. 2, § 30 de *S.-C. Tertull.*
XXXVIII, 17, Ulpien). Le curateur fournissait
une caution qui s'engageait vis-à-vis d'un esclave
public (C. 1. 3, h. t. Dioclet et Maxim.)

Le curateur pouvait être poursuivi par les
créanciers du captif: les créanciers pouvaient
même obtenir la *missio in bona*, mais il était sur-
sis à la vente jusqu'au retour du débiteur (D. 1. 6,
§ 2, *quib. ex causis in posses. eatur*, XLII, 4, Paul).

Inversement, le curateur pouvait poursuivre les
débiteurs du prisonnier : déjà, à l'époque des actions de la loi, la loi Hostilia lui permettait
d'exercer pour le captif l'*actio furti* (Inst. pr. *De iis
per quos agere pos.* IV, 10); plus tard on lui recon-
nut un droit de poursuite général.

L'établissement de la curatelle montre bien
que la captivité ne détruisait pas précisément les
droits que le prisonnier pouvait avoir sur les
biens: l'espoir du postliminium suffisait pour
assurer à ces droits une existence éventuelle. La
règle comportait quelques exceptions, comme
nous l'avons vu déjà à propos des droits de famille;

la plus saillante ici est celle qui se rapporte à la possession.

La possession est un fait que la captivité rendait impossible : le postliminium ne pouvait faire que ce fait eût existé : « *facti causae infectae*, dit Tryphoninus, *nulla constitutione fieri possunt* » (D. l. 12, §2, h. t.) ; « *causa facti non continetur postliminio* », dit également Papinien (D. l. 19, *ex quib. caus. maj.* IV, 6). Lorsque le prisonnier revenait à Rome, la possession ne pouvait renaître à son profit qu'au moyen d'une nouvelle prise de possession : encore était-ce une seconde possession qui commençait, ce n'était pas la continuation de l'ancienne.

C'est surtout à propos de l'usucapion que se présentait l'intérêt pratique de la question (D. l. 19, *ex quib. caus. maj.* IV, 6, Papinien).

Le prisonnier durant la captivité ne pouvait posséder et usucaper par lui-même ; ne pouvait-il au moins posséder et usucaper par une personne soumise à sa puissance et demeurée *in civitate* ?

D'après Marcellus le prisonnier n'usucapait ni par lui-même ni par les personnes soumises à sa puissance : c'était peut-être l'opinion des Proculéiens, au moins avons-nous un fragment de Labéon dont l'extrême généralité concorde avec cette manière de voir (D. l. 29, h. t.). Julien pensait au contraire que la captivité du maître ou du père de famille n'empêchait point l'usucapion de s'accomplir par l'intermédiaire de l'esclave ou du fils : il se fondait sur cette idée que la captivité ne détruit point la puissance dominicale ou paternelle. C'est l'opinion de Julien qui, dans la suite, a prévalu (D. l. 12, § 2, h. t. Tryphoninus).

Lorsque l'esclave ou le fils de famille a acquis la possession avant la captivité, peu importe qu'il possède *peculiari nomine* ou directement au nom du maître ou du père : la distinction est importante, si la possession commence durant la captivité. En effet, lorsque la possession qui commence durant la captivité est acquise par l'esclave ou le fils *e causa peculii*, elle conduit à l'usucapion : dans le cas contraire elle est inutile, car si la possession peut se produire à l'insu du maître ou du père par l'intermédiaire de l'esclave ou du fils, c'est uniquement *e causa peculii* (D. l. 44, § 7, *De usurpat.* XLI, 3, Papinien ; D. l. 29, h. t. Paul sur Labéon).

Les textes qui traitent de l'application du postliminium à la possession sont assez nombreux : nous en trouvons fort peu au contraire qui s'occupent à cet égard du droit de propriété et des autres droits réels : c'est qu'apparemment l'application du postliminium à ces différents droits ne soulevait aucune difficulté. Ce que le Digeste nous fournit à ce sujet résulte surtout des définitions mêmes du postliminium : en effet les expressions générales : « *jura restitui, pristina jura recipere*, etc. » qui se rencontrent dans ces définitions s'appliquent aux droits sur les biens comme aux droits sur les personnes.

Citons aussi un texte de Pomponius (D. l. 43 pr. *ad. legem. Aquiliam*, IX, 2) qui, à propos de la loi Aquilia, établit un parallèle intéressant entre le patrimoine du captif et l'hérédité jacente. L'action de la loi Aquilia, dit Pomponius, doit être exercée par celui qui était propriétaire de la chose au moment où le dommage a été causé : mais on n'exige pas que ce soit la même personne physique, il suffit que ce soit la même personne juridique. Ainsi le dommage est causé à une hérédité jacente : l'action naît au profit de la personne juridique du défunt qui est soutenue par l'hérédité ; au moment de l'adition cette personne passe sur la tête de l'héritier, qui se trouve dès lors investi de l'action. Il en est de même lorsque le dommage est causé au patrimoine d'un prisonnier : la personne physique du prisonnier a disparu par l'effet de la captivité ; mais la personne juridique est demeurée, soutenue en quelque sorte par le patrimoine : c'est au profit de cette personne juridique que l'action prend naissance. Que le prisonnier revienne, cette personne ira de nouveau se fixer sur sa tête, l'action de la loi Aquilia lui appartiendra.

À l'égard des obligations comme à l'égard des droits réels les décisions des textes sont peu nombreuses. Le postliminium rétablissait au profit du prisonnier les droits de créance dont il était investi antérieurement, de même qu'il faisait revivre contre lui les obligations dont il était tenu.

Mais peut-on concevoir que durant même la captivité des obligations aient pu prendre naissance à la charge du prisonnier ou à son profit ? La question est délicate : il faut évidemment supposer des obligations susceptibles de se produire à l'insu et sans la volonté du créancier ou du débiteur: c'est le caractère des obligations qui naissent de certains quasi-contrats, de la *negotiorum gestio*, par exemple, ou encore des délits et des quasi-délits ; c'est aussi le caractère des créances que l'on acquiert par l'intermédiaire des personnes en puissance.

La loi 19, § 5, *de negotii gestis*, D. III, 5, de Paul, nous apprend que celui qui a fait l'affaire du prisonnier reçoit contre lui, quand il revient, l'*actio négotiorum gestorum*. S'il reçoit cette action, c'est uniquement en vertu de l'effet rétroactif du postliminium: l'action n'a pu se produire durant la captivité, le *dominus re* était alors *servus hostium*, aucune obligation ne pouvait naître contre lui, pas même une obligation naturelle, car il n'était pas l'esclave d'un citoyen romain.

Paul dans la loi 21 du même titre rapporte une décision curieuse de Servius. Trois Romains sont tombés au pouvoir des Lusitaniens : l'un d'eux a été renvoyé afin d'aller chercher la rançon commune, il a été convenu que s'il ne revenait pas les deux autres payeraient pour lui. Il ne revient pas en effet : les deux autres payent pour lui, et retournent à Rome. Servius leur accorde une action contre le troisième à l'effet de se faire restituer ce qu'ils ont déboursé pour lui. Bien que le texte se serve du mot général *judicium*, il s'agit évidemment de l'*actio negotiorum gestorum*, car on ne suppose pas qu'il y ait eu convention entre les trois prisonniers.

Cette décision se fonde uniquement sur l'équité : le postliminium ne peut se produire à l'égard des faits qui se sont passés *apud hostes ;* de plus l'*actio negotiorum gestorum* ne prend naissance qu'autant que la *gestio* a été utile au *dominus*, et ici elle ne lui a servi de rien, puisqu'au moment où la rançon a été payée, il était déjà libre.

Après la solution qui vient d'être donnée à propos de l'*actio negotiorum gestorum*, après ce que nous avons dit précédemment de l'action de la loi Aquilia, il est bien évident que, si durant la captivité un vol est commis au préjudice du patrimoine du captif, ce dernier à son retour recevra l'*actio furti*. Ulpien admet cette manière de voir, mais avec une certaine hésitation : « *poterit quis dicere eum furti habere actionem* » (D. 1. 42, pr. *De furtis*, XCVII, 2). D'où pouvait provenir cette hésitation? Le texte ne le laisse pas apercevoir. Peut-être voyait-on dans l'*actio furti* qui est purement pénale une sorte de satisfaction personnelle pour le volé, satisfaction qui se comprenait difficilement, si le vol était commis au préjudice d'une personne incertaine, comme la personne du prisonnier.

Ulpien nous dit dans le § 3 de la même loi que, lorsque le voleur tombait au pouvoir de l'ennemi, l'*actio furti* se trouvait éteinte : mais elle reparaissait à son retour, qu'il revînt ou non *jure postliminii*.

Le prisonnier durant la captivité pouvait acquérir des droits de créance ou se libérer de ses obligations par l'intermédiaire des personnes soumises à sa puissance, de même qu'il pouvait acquérir par elles [des droits réels : on faisait exception seulement pour l'acquisition des hérédités, l'addition supposait un *jussus patris* ou *domini* que l'absence du père ou du maître rendait impossible.

La créance acquise par l'esclave ou par le fils avait un caractère conditionnel : cette observation va nous permettre de décider une question délicate.

Le prisonnier revient à Rome : à quel moment commence à courir la prescription de l'action qu'il a acquise par l'intermédiaire de son fils ou de son esclave ? Le Digeste nous présente sur ce point deux réponses contradictoires : l'une est attribuée à Javolénus (D. 1. 4, *De divers. tempor. praescript.* XLIV, 3), et l'autre à Vénuléjus (D. 1. 25, *De stipul. servor.* XLV, 3).

Les deux jurisconsultes supposent que l'esclave héréditaire ou l'esclave d'un prisonnier s'est fait fournir une *satisdatio* : de leur temps en effet l'*actio e stipulatu* n'était soumise à aucune prescription ; c'est seulement lorsqu'elle résultait d'une *sponsio* ou d'une *fidepromissio* qu'elle se prescrivait par deux ans en vertu de la loi Furia *de sponsu*; la question ne pouvait donc se présenterqu'à l'égard des *sponsores* et des *fidepromissores*. Nous pouvons conclure de là que le mot *fidejussores* que nous rencontrons dans la loi 25 a été introduit après coup par les compilateurs de Justinien, le texte primitif devait porter *sponsores* ou *fidepromissores*.

A quel moment commence à courir la prescription? Suivant Javolénus au moment où s'est produite la *sponsio*; suivant Vénuléjus et Cassius, le jour seulement où revient le prisonnier.

Depuis longtemps on a cherché à concilier ces deux textes : d'après la glose, Javolénus aurait en vue le cas particulier où un esclave s'est fait donner la *satisdatio in judicio sisti*. Cette explication, qui d'ailleurs ne concilierait rien, est parfaitement arbitraire.

Goveanus *(Var. lect. jur. civil.* 1, 31) et Hotomanus *(Observ.* III, 19) suppriment la moitié du texte de Vénuléjus pour le mettre d'accord avec Javolénus.

Cujas *(Observ. jus. civil.* XVI, 38) et de Retes distinguent suivant la nature du délai dont il s'agit : la loi 4 s'appliquerait au délai qui résulte d'une convention expresse, tandis que la loi 25 aurait trait au délai qui est déterminé par la loi elle-même.

Mais comment la loi 4 pourrait-elle se rapporter à un *tempus conventionale*, lorsque le titre dont elle fait partie a pour rubrique : *de diversis tem-poralibus praescriptionibus?* Le motif donné par Javolénus à l'appui de son opinion : « *intueri de-bemus ac experiundi potestas fuerit adversus eum, qui obligatus est* » se réfère à toute espèce de délai. Enfin, s'il s'agissait dans cette loi d'un délai conventionnel, pourquoi Javolénus aurait-il pris la *satisdatio* pour exemple plutôt que toute autre forme de stipulation ?

Mühlenbrück (suite de Glück, XLIII, p. 64) propose de distinguer suivant que l'esclave aurait fait naître lui-même l'obligation principale ou qu'il se serait borné à fortifier au moyen d'une satisdatio une obligation qui existait auparavant. Mais les textes ne portent pas trace d'une distinction de ce genre, et les raisons alléguées par les deux jurisconsultes, ne s'y appliquent en aucune manière.

Le mieux est de reconnaître ici une véritable contradiction : c'est à quoi se résout le président Fabre *(Conject. juris. civil.* III, c. 3); et M. Machelard, dans son savant traité des *Obligations naturelles* (p. 456) a cru devoir se ranger au même avis. La contradiction ici doit d'autant moins nous étonner que Vénuléjus indique précisément que la question avait fait doute.

Ainsi les jurisconsultes romains avaient émis sur ce point deux opinions opposées : laquelle était la mieux fondée ? Fabre se prononce en faveur de Javolénus, il prétend même que Vénuléjus rapporte l'opinion de Cassius sans l'adopter, ce qui paraît peu conforme au texte. Nous croyons au contraire avec M. Machelard que la doctrine de Cassius et de Vénuléjus est celle qui répond le mieux aux principes généraux de la matière. Et en effet, lorsque l'esclave ou le fils de famille stipule durant la captivité du maître ou du père, l'action qui résulte de cette stipulation a quelque chose d'éventuel, elle demeure en suspens, et ne reçoit un caractère certain et déterminé qu'autant que le retour du prisonnier fait surgir une personne au profit de qui elle puisse prendre corps : en d'autres termes cette action est conditionnelle. Appliquons donc ici les règles relatives aux créances conditionnelles : la prescription commencera à courir au moment où la condition s'accomplira, c'est à-dire, dans l'espèce présente, au moment où reviendra le prisonnier.

Cette manière de voir est confirmée par un texte du Code, l. 9, h. t. : une succession s'est ouverte au profit du prisonnier durant la captivité, il revient *jure postliminii*, il poura revendiquer l'hérédité, si toutefois il n'a pas laissé écouler *depuis son retour* un délai suffisant pour que son action se trouve éteinte, « *si non tantum, postquam reversus es, tempus effluxit, quantum intentionem tuam temporis prolixitate conquiescere faciat.* »

On peut se demander pourquoi Javolénus a adopté l'opinion contraire : sans doute il a tenu compte de la nature de la *sponsio* à laquelle se rapportent les deux textes ; il est certain que l'esprit de la loi Furia ne permettait point d'accueillir favorablement ce qui tendait à prolonger le délai déterminé par cette loi.

Le prisonnier qui durant la captivité avait perdu par prescription quelque droit précédemment acquis, avait à sa disposition un moyen de secours extraordinaire, la *restitutio in integrum*. L'édit du préteur prévoyait ce cas comme un cas éminemment favorable, il promettait à celui qui revenait *jure postliminii* de le rétablir dans ses droits antérieurs au moyen de l'*actio rescissoria intra annum utilem*. La nomination d'un *curator bonorum* ne faisait point obstacle plus tard à la *restitutio*.

Inversement, lorsque le prisonnier avait usucapé durant la captivité par l'intermédiaire des personnes qu'il avait en sa puissance, le tiers contre lequel il avait usucapé et qui n'avait pu empêcher l'usucapion, puisque l'absence du prisonnier ne permettait pas de le poursuivre en justice, pouvait également demander et obtenir la *restitutio in integrum*.

§ III. — *Des effets du* postliminium *sur les droits de succession.*

La question est double : que devient la succession du prisonnier ? Que deviennent les successions qui lui sont déférées ?

Occupons-nous d'abord de la succession du prisonnier. S'il meurt *apud hostes*, le postliminium ne se produit pas, c'est la loi Cornélia qui intervient : nous en parlerons plus loin.

S'il revient et décède à Rome, il faut distinguer suivant qu'il meurt intestat ou qu'il laisse un testament ; dans le premier cas, point de difficulté ; dans le second il faut distinguer une seconde fois suivant la date du testament.

Le testament a été fait *in civitate* : durant la captivité il était sans valeur, *irritum*, mais le retour du prisonnier *jure postliminii* lui a rendu sa force primitive.

Ce résultat est indiqué par un texte d'Ulpien (D. l. 6, § 51, *De injust. rupt. et irrit. test.* XXVIII, 3) qui fait à cet égard un rapprochement curieux entre les effets du postliminium et les effets de la *restitutio in integrum* par la faveur du prince. Observons du reste qu'il ne faudrait pas pousser l'assimilation jusqu'au bout : la *restitutio* dont il s'agit ici a bien, comme le postliminium, un effet rétroactif, quoiqu'en ait dit de Retes ; mais l'espoir de la *restitutio* ne produit pas, durant l'accomplissement de la peine, les effets que produit durant la captivité l'espoir du postliminium. Ainsi le fils de famille dont le père est prisonnier, ne peut tester, *propter captivitatem de statu suo incertus est* : au contraire, si le père est *capite damnatus*, le testament que fait le fils est parfaitement valable tant que n'intervient point la *restitutio in integrum*. La loi 4, § 3, *De bonis libertis*. D. XXXVIII, 8, Paul, signale une différence du même genre.

Le testament a été fait durant la captivité, il a été fait par un esclave, il est et demeure nul : le privilége même des soldats ne lui donne aucune valeur.

Rigoureusement il faudrait en dire autant des codicilles écrits durant la captivité : et telle est en effet la décision que nous présente Marcien (D. l. 7, pr, *De jure codicillorum,* XXIX, 7).

Tryphoninus est moins sévère (D. l. 12, §5, h. t.) : *ratione humanitatis,* il déclare valable les codicilles écrits en captivité lorsqu'ils se trouvent confirmés par un testament fait antérieurement *in civitate.*

On oppose au texte de Tryphoninus la loi 44, D. *De testamento militis,* XXIX, 1 : Ulpien dans cette loi cite un rescrit qui permet à toute personne, militaire ou non, de dresser son testament comme bon lui semble, *si in hostico deprehenditur.* Mais ces derniers mots ne s'appliquent nullement aux prisonniers ; la loi 1, pr. *De bonor. poss. ex testam. milit.* D. XXVII, 13 reproduit les mêmes mots et les développe de la manière suivante : *quum in procinctu versantur, quum eadem penicula experiantur.*

C'est seulement une novelle de l'empereur Léon (nov. 40) qui déclare valable tout testament fait en captivité en présence de trois témoins.

Nous arrivons à notre seconde question : que deviennent les successions déférées au prisonnier ?

Deux cas peuvent se présenter : la succession lui a été déférée avant la captivité, mais il ne l'avait pas encore acquise au moment où il a été pris ; ou bien elle lui est déférée durant la captivité. Il est certain, dans les deux cas, qu'il ne peut acquérir la succession, tant qu'il demeure *apud hostes* : l'adition d'hérédité est un acte qui ne peut s'accomplir par représentant. Mais une fois revenu *jure postliminii* il suffit qu'il fasse adition, et l'hérédité lui est acquise. Les textes admettent ce résultat sans conteste, lorsque la succession lui est déférée durant la captivité : nous devons l'admettre *a fortiori*, si elle lui a été déférée antérieurement.

Le Digeste nous présente sur ce point les décisions les plus nombreuses, soit qu'il s'agisse d'une hérédité déférée en vertu du droit civil, soit qu'il s'agisse d'une bonorum possessio (D. l. 1, § 4, *De suis et legit.* XXVIII, 16, Ulpien ; — l. 5, § 1, *unde legitimi*, XXXVIII, 7, Modestinus ; — l. 4, § 2, *De bonis. libert.* XXXVIII, 8 Paul. — l. 10, § 1, *ad. S.-C Orphit. et Tertul.* XXXVIII, 17, Pomponius).

La règle était la même, que la succession déférée au prisonnier fût une succession ab intestat ou une succession testamentaire : il était parfaitement licite d'instituer un prisonnier comme héritier, mais l'institution était conditionnelle, le sort de cette institution était subordonné au retour du prisonnier.

Le prisonnier avait la qualité d'héritier sien : était-il nécessaire que le testateur dont il était l'héritier sien tînt compte de son existence dans son testament? Paul nous apprend que non, l'omission du fils prisonnier n'empêchera pas le testament du père d'être régulier, *jure factum* (D. l. 31, *De lib. et postum*, XXVIII, 2). Cette décision n'est pas très-logique, la captivité n'a pas détruit la puissance paternelle, le prisonnier demeure fils de famille et héritier sien : régulièrement le testateur devrait tenir compte de son existence. Peut-être Paul a-t-il considéré la faveur due aux dispositions testamentaires.

Du reste Paul ne veut pas dire que la validité du testament se trouve à l'abri de tout événement ; le retour du fils *jure postliminii* fera certainement tomber le testament du père qui ne l'a ni institué ni exhérédé : ce retour équivaudra exactement à l'agnation d'un postume sien. Observons toutefois que de tout temps on a eu le droit d'instituer ou d'exhéréder un prisonnier, tandis qu'avant la formule d'Aquilius Gallus et la loi Velleia il était défendu d'instituer ou d'exhéréder un postume.

S'il existe entre les cohéritiers des relations qui les astreignent au rapport l'un vis-à-vis de l'autre, le prisonnier ne doit-il pas en être dispensé ? Le rapport se fait sur les biens que l'on possédait au moment où est mort le *de cujus*, or à ce moment le prisonnier était *servus hostium* et ne possédait aucun bien ; mais en vertu du postliminium il est censé n'avoir jamais perdu la propriété de son patrimoine: « *Conferet scilicet ea quae moriente patre haberet, si ab hostibus captus non esset* » (C. 1. 1, § 17, *De coll. bonorum*, XXXVII, 6, Ulpien).

SECTION II.—*Des effets du postliminium à l'égard des choses.*

L'application du postliminium aux choses soulevait moins de difficultés que l'application du postliminium aux personnes. *L'occupatio bellica* avait détruit les droits réels qui portaient sur la chose : dès qu'elle était recouvrée par les Romains, ces droits se trouvaient rétablis, comme s'ils n'avaient jamais cessé d'exister (D. l. 19 et l. 12, h. t; l. 26, *quib. mod. ususf. amittitur*, VII, 4).

A l'égard des immeubles rien n'était plus simple : le propriétaire les retrouvait aisément et il n'avait pas de peine à faire reconnaître ses droits.

Le postliminium s'appliquait même aux *loca sacra* ou *religiosa*. Le caractère de ces lieux, effacé par l'occupation ennemie, reparaissait dès que cette occupation avait cessé (D. l. 36, *De religiosis*, XI, 7, Pomponius).

A l'égard des meubles la question était plus compliquée : il n'était pas toujours facile de découvrir le propriétaire antérieur : de là la coutume suivante qui paraît avoir été d'un usage fréquent. On exposait solennellement devant la ville l'ensemble du butin, et les citoyens avaient un certain nombre de jours pour reconnaître les ob-

jets qui leur appartenaient et exercer sur ces objets une sorte de droit de reprise : le délai une
fois expiré le questeur vendait ce qui restait ou
le partageait entre les soldats (Tite-Live, III, 40;
IV, 29; V, 16; X, 20; XXIV, 6; XXXV 1; —
Denys d'Halycarnasse, IV, 51 et XI, 48). La généralité des expressions employées par les historiens permettrait de croire qu'en pareil cas le droit
de reprise s'appliquait à toute espèce d'objets,
aux *res nec postliminii* comme aux *res postliminii*.
Cette conclusion serait peut-être exagérée et demanderait à être soutenue par des arguments
plus décisifs : mais au moins devons-nous tenir
pour certain que ce droit s'exerçait sur les *res
postliminii* qui se trouvaient comprises dans le
butin. Nous avons cependant un texte de Labéon
qui paraît dire le contraire : voici ce texte em-
prunté aux *Pithana* de Labéon et reproduit par
Paul qui le corrige sur un point.

D. l. 25, h. t. Labeo. « *Si quid in bello captum
est, in præda est, non postliminio redit.* » Paulus.
« *Immo, si in bello captus pace facta domum refugit,
deinde renovato bello capitur, postliminio redit ad
eum a quo priore bello captus erat, si modo non
convenerit in pace, ut captivi redderentur.* »

D'ordinaire on modifie légèrement le texte de
Labéon, de manière à relier plus directement
les mots « *in præda est* » aux mots qui précèdent : on y arrive soit en substituant *quod* à *quid*
Bynkershoeck, *Observ.* III, 6), soit en supprimant
est après *captum* (Haloander, Salmasius), soit

en remplaçant *est* par *et* : *si quid bello captum et in prœda est, non postliminio redit.*

Quelle que soit la correction que l'on adopte, le sens de la phrase n'en paraît pas moins clair : suivant Labéon les objets qui font partie du butin sont soustraits à l'action du postliminium. Cette proposition est inadmissible : du moment que Labéon fait intervenir ici l'idée de postliminium, c'est qu'il a en vue les objets enlevés aux Romains par l'ennemi, puis recouvrés par eux sur l'ennemi : or les *res postliminii* recouvrées les armes à la main font partie du butin, et cependant, de quelque manière qu'elles aient été recouvrées, le postliminium se produit certainement à leur égard.

La plupart des commentateurs ont pensé que la règle de Labéon devait être prise dans un sens restreint : elle se rapporte, suivant Ayala (*De jure belli* 1, 5), aux armes et aux vêtements auxquels ne s'applique pas le postliminium ; sui-P. Fabre (*Semest.* II. 3). aux objets qui demeurent dans le butin, lorsque personne n'est venu les réclamer ; suivant Bynkershoeck (*Observ.* III, 6), aux meubles qui seuls constituent le butin.

Ces différentes explications sont arbitraires, elles se fondent sur des distinctions qui ne sont pas dans notre texte.

Nous ne pouvons prendre la proposition de Labéon dans le sens général qu'elle paraît avoir ; il est probable que Labéon avait en vue une espèce particulière qu'il s'agit de découvrir. Le fragment qui nous est présenté sous son nom est précisément suivi d'une note de Paul qui doit s'y rattacher étroitement : c'est en considérant avec soin l'observation de Paul et la nature de l'espèce qu'il prévoit, que nous sommes amenés à déterminer de la manière suivante le sens du fragment tout entier.

Une *res postliminii* est enlevée à l'ennemi par les Romains, puis reprise par l'ennemi, puis reprise par les Romains : telle est l'espèce prévue par Labéon : que devient cette chose ? Elle fait partie du butin, répond Labéon, le postliminium ne s'y applique pas : et cette décision est conforme aux principes.

Rappelons-nous que le postliminium est une institution du droit des gens ; qu'il se produise en faveur de l'ennemi ou en faveur des Romains, les mêmes règles s'y appliquent.

La première occupation romaine a détruit tous les droits que l'ennemi pouvait avoir sur la chose ; mais lorsque la chose a été recouvrée par l'ennemi, ces droits ont reparu *jure postliminii*, l'occupation romaine a été effacée de la manière la plus absolue. Que maintenant la chose soit prise une seconde fois par les Romains : il se produit une seconde occupation romaine qui n'a rien de commun avec la première ; le propriétaire romain antérieur ne peut revendiquer la chose : l'occupation primitive qui lui donnait tous ses droits est censée n'avoir jamais existé.

La chose suivra donc le sort du butin ordinaire, *non postliminio redit.*

Toutefois, si la proposition de Labéon est exacte en elle-même, elle est un peu trop générale : cette proposition se trouvera fausse en effet toutes les fois que le postliminium ne se sera pas produit chez l'ennemi, et n'aura pas effacé les effets de la première occupation romaine : c'est ce que Paul entreprend de démontrer par un exemple.

Un ennemi est pris par les Romains dont il devient l'esclave ; la paix faite, il s'enfuit auprès des siens. La guerre éclate de nouveau, il est pris une seconde fois : Paul déclare qu'il revient à Rome *jure postliminii,* il doit être rendu à son premier maître. Paul ne dit pas que la décision se réfère uniquement aux esclaves, comme le voudraient les Basiliques (XXXIV, 23 ; Harménopoulos, II, 7) ; il ne distingue pas non plus suivant que l'esclave a été pris les armes à la main ou autrement : ce qu'il y a de caractéristique dans l'espèce qu'il forme, c'est que la chose n'est point revenue chez l'ennemi *jure postliminii.*

Nous avons vu, en effet, que le prisonnier de guerre qui retournait auprès des siens après la paix, ne jouissait pas des avantages du postliminium, s'il n'y avait dans le traité une clause spéciale en sa faveur, et Paul suppose précisément que cette clause fait défaut. Le postliminium ne s'est pas produit ; le prisonnier, même auprès des siens, est demeuré l'esclave du maître romain, qui n'en a perdu que la possession.

La guerre éclate de nouveau : l'esclave se trouve sur le territoire ennemi au moment de la déclaration de guerre, l'ennemi en devient maître *jure occupationis*, le propriétaire romain cette fois est dépouillé de tous ses droits.

Le prisonnier est pris une seconde fois : le maître romain qui avait perdu la propriété de son esclave par l'effet de *l'occupatio bellica*, la recouvre *jure postliminii : « postliminio redit ad eum, a quo priore bello captus erat. »*

Ainsi se trouvent justifiées d'une part la règle de Labéon, d'autre part l'observation de Paul.

La chose qui revenait *jure postliminii* revenait avec tous ses caractères antérieurs, ainsi la chose furtive revenait comme chose furtive, et ne pouvait être usucapée, tant qu'elle n'avait point fait retour entre les mains du légitime propriétaire (D. l. 29, h. t. Javolénus).

Le retour de la chose *jure postliminii* ne constituait point pour le maître antérieur une cause nouvelle d'acquisition, il n'empêchait point les effets de *l'exceptio rei judicatae* (D. l. 11, § 4, *De except. rei judicat.* XLIV, 2, Ulpien).

L'espoir du postliminium permettait au propriétaire de la chose, qui était au pouvoir de l'ennemi, d'en disposer comme de toute autre chose aléatoire. Si les textes ne nous montrent aucun exemple de l'aliénation de cette chose entre-vifs, c'est qu'il était impossible de faire

d'une chose absente l'objet d'une tradition ou
d'une mancipation. Mais le Digeste nous apprend
qu'elle pouvait être l'objet d'un legs (D. l. 9 et
l. 98, *De legatis*, 1, XXX, 1); on admettait aussi
pour le maître le droit d'affranchir par testament
l'esclave qui était au pouvoir de l'ennemi (D. l.
30, *De manumiss. testam.* XL, 4) : l'esclave qui
revenait après le décès du testateur, se trouvait
libre *jure postliminii*. L'*assignatio* d'un affranchi
prisonnier était également licite (D. l. 1, § 2, *De
assignand. libert.* XXXVIII, 4).

Lorsqu'il s'agissait de partager une masse héréditaire, les biens qui étaient au pouvoir de
l'ennemi étaient comptés comme les biens présents dans le *judicium familiae erciscundae*. Seulement, comme le retour de ces biens était incertain, les cohéritiers devaient fournir caution à
celui qui les recevait dans sa part, à moins qu'on
ne fût convenu d'en compenser au moyen d'une
certaine somme le caractère aléatoire (D. l. 23,
familiae erciscundae, VI, 2, Paul).

Du moment que les biens occupés par l'ennemi étaient compris dans le *judicium familiæ erciscundæ*, il fallait tenir compte dans ce *judicium*
des *praestationes* relatives aux mêmes biens, c'est-
à-dire des dépenses faites par l'un des cohéritiers
à propos de ces biens. C'est en effet la décision
que nous donne Ulpien d'après Papinien, quoi-
que Marcellus eût émis un avis contraire (D. l. 22.
§ 5, eod. tit.).

Les mêmes règles devaient s'appliquer au *judicium communi dividundo*.

Des questions analogues se présentaient pour le calcul de la quarte Falcidie. Les biens qui étaient enlevés par l'ennemi après la mort du testateur devaient certainement être compris dans l'estimation du patrimoine : ce qu'il fallait considérer en effet, c'était le patrimoine tel qu'il était lors du décès du *de cujus*.

Lorsque l'*occupatio bellica* avait précédé la mort du testateur, il fallait distinguer suivant que la chose était recouvrée ou non au moment où se faisait le calcul de la quarte ; dans le premier cas, elle devait être comprise dans la masse héréditaire, car en vertu de l'effet retroactif du postliminium, elle était censée n'en être jamais sortie. Dans le second cas, il fallait tenir compte seulement de l'espérance du retour : on pouvait calculer cette espérance et la représenter par une somme déterminée, ou bien se servir de cautions, comme on faisait pour l'action *familiæ erciscundæ*.

Enfin on peut se demander si le maître d'une esclave enlevée par l'ennemi avait le droit de revendiquer l'enfant né de cette esclave durant la captivité. La réponse résulte indirectement de la loi 6, § 1 et 2, D. *De statulib.* XL, 7.

Ulpien dans cette loi suppose qu'une *statulibera* est accouchée *apud hostes* après l'accomplissement de la condition : quel sera le sort de l'enfant ? Ce qui complique l'espèce, c'est que l'esclave ici est soumise à deux servitudes différentes, d'abord à la servitude qui résulte de la qualité de *statulibera*, puis à la servitude qui est la conséquence de la captivité. Ulpien distingue suivant que l'enfant a été conçu *in civitate* ou *apud hostes*: dans le premier cas, point de difficulté; s'il revient à Rome, le postliminium se produira en sa faveur et lui fera acquérir la liberté. Dans le second cas on peut hésiter; l'enfant depuis le moment même où il a été conçu, n'a jamais été à Rome, on ne peut dire qu'il y revienne, régulièrement il ne peut être question de postliminium à son égard. Ulpien cependant décide *benignius* qu'il y aura pour lui postliminium et liberté (Comp. D. 1. 6, §§ 1 et 2, *De injust. rupt. irrit. testam.* XXVIII, 3, Ulpien; — l. 9, h. t. Ulpien; — l. 25 h. t. Marcius; — C. l. 1, h. t.)

Appliquons les mêmes solutions à l'enfant né d'une esclave durant la captivité : l'enfant reviendra *jure postliminii*, mais le postliminium cette fois, au lieu de lui donner la liberté, le placera sous la puissance du maître antérieur de la mère. Toutefois, lorsque la conception se produit *apud hostes*, on peut avoir quelques scrupules: la décision d'Ulpien dans cette hypothèse est une décision bienveillante, qui s'explique par la faveur due à la liberté, considération qui dans notre espèce ne saurait être invoquée.

On traitera de même l'enfant d'une *statulibera* né avant l'accomplissement de la condition : cet enfant doit être assimilé sous tous les rapports à l'enfant né d'une esclave ordinaire.

CHAPITRE IV

DES EFFETS DU RACHAT.

Nous avons dit plus haut que les règles du postliminium demeuraient les mêmes, quelle que fût la manière dont prit fin l'*occupatio bellica* : ce principe souffrait une exception, le rachat modifiait gravement l'application du postliminium.

Le rachat pouvait être l'œuvre de l'Etat ou des particuliers. Dans le premier cas une loi spéciale devait intervenir, et les anciens comices accueillaient d'ordinaire avec peu de faveur les propositions de ce genre. Sur la fin de l'empire, au contraire, on encouragea le rachat des prisonniers : Justinien dispensa de l'insinuation les donations faites dans cette intention (C. 1. 35 pr. et l. 36 pr. *De donat.*, VIII, 54) ; il autorisa dans le même but l'aliénation des vases sacrés (C. 1. 24, *De sacrosanct. eccles.* I, 2). Le rachat constituait pour certaines personnes un devoir ; l'affranchi qui ne rachetait pas son patron, les as-

cendants et descendants qui ne se rachetaient
point entre eux, encouraient certaines déchéances
nov. 115, c. 3). Mais ce qui présente un intérêt
particulier, c'est que le rachetant acquérait sur
la personne ou sur la chose rachetée un droit
spécial destiné à assurer le remboursement de ce
qu'il avait payé, et dont la nature a été l'objet
d'une grave controverse.

Dans quelles conditions se produisait ce droit?

Il ne pouvait prendre naissance, si le rachetant n'avait rien déboursé, par exemple il avait
délivré le prisonnier par son seul courage, ou
bien l'ennemi le lui avait remis sans exiger de
rançon (C. 1.12 et 1.5, h. t.). Il ne se produisait
pas davantage si le rachetant avait payé la rançon
sans avoir l'intention d'en réclamer plus tard le
remboursement, s'il avait agi *pietatis causa* ou
animo donandi; et l'*animus donandi* se présumait
toutes les fois que le rachat constituait pour lui
l'accomplissement d'un devoir (C. 1.17, h. t.).
Mais supposons que le rachat ait été un véritable
acte de commerce, le droit prend naissance,
quels en sont les caractères?

Il importe de distinguer ici le rachat des personnes et le rachat des choses.

Une personne est rachetée : quels rapports
s'établissent entre elle et celui qui l'a rachetée?
Sur ce point deux opinions sont en présence. La
première soutenue récemment par M. Zimmern
(*Histoire du droit privé romain*, 1, § 196) attribue
au rachetant un simple droit de rétention, le droit

de garder auprès de lui le racheté jusqu'au remboursement du prix de rachat. Zimmern s'appuie
surtout sur les expressions *jus pignoris, vinculum pignoris*, qui se rencontrent plus d'une
fois dans les textes (D. 1.15 ; 1.19, §9 ; 1.21, h.t. ;
C. 1.8, 1.11, §2, 1.13, h.t.). Mais ces expressions
mêmes indiquent un droit plus étendu que la
simple faculté de retenir le captif. Dans d'autres
passages le droit du rachetant est désigné sous
le nom de *potestas* : on va même jusqu'à refuser
au racheté certains droits qui jadis appartenaient
au *nexus*, par exemple le droit de servir de témoin
pour le testament du rachetant (D. 1.20, §1, *qui
testam. fac. possunt*, XXVIII, 1).

La véritable nature de ce droit nous est indiquée par Fabre (*Jurisprud. Papinian.* XI, 8, 11)
et par de Retes (*Meerman's Thesaurus*, VI, p. 301) :
le rachat suspend l'application du postliminium ;
le postliminium ne se produit plus au moment
du retour, mais seulement après le remboursement du prix de rachat : jusque-là le racheté
conserve auprès du rachetant la position qu'il
avait auprès de l'ennemi. Cette manière de voir
résulte des textes suivants.

D. 1. 20, §2, h. t. Ulpien. — « *Redemptio facul-
tatem redeundi praebet, non jus postliminii mutat.* »

C. 1. 17 h. t. Dioclétien et Maximien — « *Liber
captus ab hostibus et commercio redemptus, tunc
demum, quum pretium solverit, vel ei hoc quali-
cunque remittatur judicio, statum pristinum re-
cipit.* »

Un autre texte d'Ulpien (D. 1. 8, *Dé re mili-tari*, XLIX, 16) compare le racheté à l'ingénu qui *bonâ fide servit*.

Les expressions *jus pignoris*, *vinculum pignoris*, ne contredisent point cette doctrine : si l'on re-garde de près les passages où se rencontrent ces expressions, on voit qu'on s'en est servi à dessein, soit pour indiquer le caractère précaire d'un droit qui peut être détruit d'un moment à l'autre par le remboursement du prix de rachat, soit pour prévenir toute idée d'assimilation entre la *potestas* du rachetant sur le racheté et la *potestas* du maître romain sur son esclave. Le droit du rachetant en effet constituait si bien une *potestas*, qu'un rap-prochement de ce genre se présentait naturelle-ment à l'esprit des Romains : un rescrit de Dioclé-tien (C. 1. 14, h. t.) nous apprend même qu'on avait prétendu attribuer au racheté qui avait remboursé le prix de rachat la condition d'un affranchi.

Il y avait là une confusion d'idées fâcheuse : le racheté est auprès du rachetant ce qu'il était auprès de l'ennemi, il a la condition d'un *servus hostium*. La *potestas* du rachetant porte sur la personne physique du racheté, mais non sur sa personne juridique, elle ne s'applique ni à ses droits ni à ses biens. De plus elle ne s'étend pas à ses enfants, pas même à ceux que la femme rachetée met au monde *apud redemptorem* C. 1.8, h. t.).

A quelle époque remonte la détermination

précise du droit du rachetant sur la personne
rachetée ? C'est ce qu'il est difficile de dire : les
textes ne semblent pas indiquer qu'il y ait jamais
eu innovation sur ce point. Il n'en est pas de
même pour les droits que confère le rachat sur
la chose rachetée : nous trouvons ici l'indication
d'un *jus vetus* et d'un *jus novum,* le droit nouveau se fonde sur une constitution de Septime
Sévère et Caracalla dont Tryphoninus nous donne
une sorte d'analyse (D. l. 12, § 7 et suivants, h. t.).

Aux termes de cette constitution, le rachetant
est propriétaire de la chose rachetée, ce droit de
propriété subsiste jusqu'au moment où le propriétaire antérieur de la chose rembourse le prix
de rachat. En d'autres termes le rachat suspend
l'application du postliminium, c'est l'idée que
nous avons déjà signalée à propos du rachat des
personnes.

Le maître antérieur de la chose peut d'un
moment à l'autre détruire le droit du rachetant
en offrant le remboursement : Tryphoninus se demande s'il pourra le tenir indéfiniment sous la
menace de cette offre : le rachetant ne pourra-
t-il acquérir à la longue et par une sorte d'usucapion un droit de propriété définitif ?

Il ne peut y avoir usucapion proprement dite ;
d'après la constitution, le rachetant est propriétaire de la chose, et l'on n'usucape point sa propre chose. D'un autre côté, avant la constitution,
l'usucapion permettait au rachetant de parvenir
à une propriété définitive, et la constitution n'a

pu lui enlever ce droit, car elle a pour objet de rendre sa position meilleure. Tryphoninus décide donc que le délai de l'usucapion une fois écoulé, le rachetant aura sur la chose un droit de propriété irrévocable ; le propriétaire antérieur ne sera plus admis à faire tomber ce droit en offrant le remboursement (D. 1. 12, § 8, h t.).

Le rachetant affranchit l'esclave qu'il a racheté : quel est l'effet de cet affranchissement ? Le rachetant n'a plus aucun droit sur l'esclave, mais cet esclave devient-il libre ? Ne faut-il pas dire que les droits du rachetant une fois détruits, le postliminium s'accomplit, et l'esclave retombe sous le pouvoir de son ancien maître ? Le rachetant n'a sur l'esclave d'autres droits que les droits même que l'ennemi avait sur lui avant le rachat : or si l'ennemi l'avait affranchi, il eût acquis la liberté *apud hostes*, mais non *in civitate* ; il est certain que s'il était revenu à Rome, son ancien maître aurait pu le revendiquer : le même résultat doit se produire quand il est affranchi par le rachetant.

Tryphoninus cependant se décide en sens contraire, *favore libertatis* : l'esclave affranchi par le rachetant deviendra libre, il ne faut pas que les effets d'un affranchissement puissent dépendre de la volonté d'un tiers dont les droits sont éventuels (D. 1. 12, § 9, h. t.).

L'esclave racheté est un *statuliber* : il a une condition intermédiaire entre la condition de l'esclave et celle de l'homme libre : il faut combiner ici les règles relatives au rachat des personnes et les règles relatives au rachat des choses. *Pendente conditione* le statuliber est soumis à la *potestas dominica* du rachetant, comme un esclave ordinaire ; la condition s'accomplit, il devient libre, mais les droits du rachetant ne s'évanouissent pas, ils se transforment : la *potestas dominica* est remplacée par la *potestas* particulière du rachetant sur la personne rachetée (D. 1. 12, § 10, h. t.).

L'esclave racheté n'est pas un *statuliber*, mais il a obtenu la liberté par fideicommis : le droit de propriété du rachetant subsiste jusqu'au moment du remboursement, c'est à ce moment seulement que l'esclave peut faire valoir les droits que lui donne le fidéicommis (D. l. 12, § 14, h. t.).

L'esclave racheté est un *statuliber*, et la condition mise à la liberté est le payement d'une certaine somme : on se demande où le *statuliber* pourra trouver cette somme. D'ordinaire le statuliber peut la prendre sur son pécule : mais ici l'hésitation est permise.

Il faut considérer le pécule qu'il possède *apud redemptorem* comme on eût considéré le pécule qu'il avait *apud hostes*. Or il est certain qu'il n'aurait pu se libérer au moyen du pécule qu'il avait *apud hostes* ; vis-à-vis de l'ennemi la qualité de *statuliber* n'existait pas. Logiquement il faudrait lui refuser le droit de se libérer au moyen du pécule qu'il possède *apud redemptorem. Favore libertatis* cependant on arrive à une solution plus douce ; on fait une distinction : le *statuliber* ne pourra se libérer au moyen du pécule acquis *ex re redemptoris* ou *ex operis suis* ; mais il pourra se libérer au moyen du pécule acquis *ex alia causa* : « *Ita ut conditioni benigne eum paruisse credamus*» (D. 1. 12, § 12, h. t.).

L'esclave racheté était avant la captivité soumis à un droit de gage, le droit de gage ne reparaît qu'après le remboursement du prix de rachat D. 1. 12, § 12, h. t.).

Il était *servus pœnœ* : le rachetant le possède *sine pœna sua*, l'état qui veut se saisir de lui doit tout d'abord désintéresser le rachetant (D. 1. 12, 15, h. t.).

Il avait été vendu autrefois sous la condition qu'il ne serait jamais affranchi, ou bien la prohibition perpétuelle ou temporaire de l'affranchissement avait été la peine de ses méfaits : cette fois encore le rachetant le détient *sine pœna sua*, le rétablissement de la prohibition est suspendu jusqu'au remboursement du prix de rachat (D. 1. 12, 316, h. t.).

Le rachetant a sur la personne rachetée un droit d'une nature spéciale, mais un droit réel ; il a sur la chose un droit de propriété : rien ne s'oppose à ce qu'il transmette son droit par héritage ou entre-vifs ; celui qui lui succède acquiert un droit de même nature. Mais observons que l'aliénation ne peut avoir pour effet de rendre pire la position du racheté ou du propriétaire antérieur de la chose : l'ayant cause du rachetant ne pourra rien lui demander au-delà du prix de rachat. Si lui-même a acquis le droit pour un prix plus élevé, il pourra exercer pour le surplus contre le rachetant l'action qui résulte de leur contrat. Supposons au contraire que l'aliénation se soit faite pour un prix moins élevé : le racheté pourra se libérer, et le propriétaire antérieur de la chose pourra la recouvrer, en remboursant simplement le prix de l'aliénation : les textes ne le disent pas expressément, mais cette décision se justifie facilement, soit que l'on considère la faveur due à la liberté, soit que l'on applique, au moins pour les temps les plus récents, la règle de la loi Anastasienne.

Le plus souvent le droit du rachetant était un droit de courte durée ; le racheté ou le propriétaire antérieur de la chose avait intérêt à le désintéresser au plus vite. Les empereurs se firent un devoir de leur en faciliter les moyens : le Code présente à cet égard quelques décisions remarquables. Voyons en effet comment prend fin le droit du rachetant.

1° Ce droit prend fin quand on rembourse au rachetant ce qu'il a payé. Il ne peut refuser la somme qui lui est offerte sous peine de déchéance ; Dioclétien et Maximien permettent de s'adresser au président de la province qui emploiera les moyens propres à rétablir le racheté dans l'intégrité de ses droits (C. l. 6, h. t.).

La somme pouvait être offerte par un tiers :

toutefois si le tiers paye avec l'intention de succéder aux droits du rachetant, le postliminium
ne se produira pas.

Le racheté peut prendre directement sur ses
biens la somme qui lui est nécessaire : les droits
du rachetant portent sur sa personne, et non sur
son patrimoine. Dioclétien et Maximien supposent que ses ressources sont insuffisantes, mais
qu'une succession vient de s'ouvrir à son profit :
favore ingenuitatis, ils lui permettent de faire
adition, bien qu'il ait encore la condition d'un
servus hostium, et de se procurer ainsi l'argent
dont il a besoin (C, l. 15, h. t.).

Il pouvait arriver que plusieurs personnes ou
plusieurs choses fussent rachetées en bloc et pour
un prix unique. Il eût été injuste de retarder pour
chaque personne ou pour chaque chose l'application du postliminium jusqu'au remboursement
du prix total. On procédait à une ventilation, et
chaque personne pouvait se libérer, chaque propriétaire pouvait recouvrer sa chose, en payant la
portion du prix qui répondait à la valeur de la
personne ou de la chose.

Tryphoninus applique cette règle dans le § 18
de la loi 12. La part d'une esclave a fait l'objet
d'un legs : avant d'accoucher, l'esclave tombe
entre les mains de l'ennemi; puis elle est rachetée par le légataire et accouche chez lui. Le légataire paraît avoir acquis la part à titre gratuit :
ce qui fait tomber le legs, « *quia duarum lucra-
tivarum causarum concursus esse non potest* »

(D. 1. 17, *De oblig. et act.* XLIV, 7). Tryphoninus repousse cette manière de voir : ce qui a été racheté, c'est l'esclave enceinte, c'est l'esclave avec l'espérance de part : cette espérance a été comptée dans le prix de rachat. Le légataire n'a donc pas acquis la part à titre gratuit. Il faut déterminer la portion du prix qui correspondait à l'espérance de part, le légataire pourra réclamer de l'héritier une somme égale à cette estimation.

L'enfant est né *apud hostes* : la mère et l'enfant sont rachetés par le même individu pour un prix unique. On procède à la ventilation du prix, et si l'on offre au rachetant la portion du prix qui répond à la valeur de l'enfant, le postliminium se produit en faveur de ce dernier.

Le texte de Tryphoninus présente ensuite un passage dont l'interprétation est difficile.

« *Multo magis, si diversi emptores utriusque extiterint, vel unius. Sed si suo quemque pretio redemerit, id offerri pro singulis oportebit redemptori, quod hosti pro quoquo datum est, ut separatim quoque postliminio reverti possint.* »

Prise à la lettre, la première phrase indique deux hypothèses distinctes : 1° la mère et l'enfant ont été rachetés par deux personnes différentes; 2° un seul d'entre eux a été racheté. Mais cette seconde hypothèse ne se lie d'aucune manière avec le reste du fragment. On convient d'ordinaire que le texte doit être modifié : c'est au président Fabre que l'on doit la correction la plus heureuse. Elle consiste à remplacer *unius* par *unus*, et à supprimer le point placé après *unus*, de manière à rattacher ce mot à ce qui suit.

« *Multo magis, si diversi emptores utriusque extiterint, vel unus sed si suo quemque pretio redemerit, id offerri etc.* »

Tryphoninus a constaté auparavant que si la mère et l'enfant ont été rachetés ensemble pour un prix unique, la ventilation permettra de faire survenir séparément pour chacun d'eux le postliminium : ce résultat, ajoute-t-il, s'obtiendra plus facilement encore, si l'enfant et la mère ont été rachetés par deux personnes différentes, ou s'ils ont été rachetés par la même personne, chacun pour un prix déterminé.

Les décisions précédentes se rapportent au rachat des esclaves : elles sont évidemment applicables au rachat des autres choses et au rachat des personnes.

La somme qui doit être offerte pour chaque personne ou pour chaque chose une fois déterminée, il n'est plus permis de la fractionner : le rachetant n'est point tenu de subir des payements partiels, son droit demeure entier jusqu'au remboursement total. C'est la règle suivie en matière de gage, et nos textes comparent fréquemment le droit du rachetant à un droit de gage; on peut dire aussi que cette règle résulte indirectement du § 13 de notre loi 12 ; voici l'espèce prévue par ce paragraphe.

Avant la captivité l'esclave appartenait par indivis à plusieurs maîtres: faut-il croire qu'après le rachat chacun d'eux pourra rentrer dans son droit primitif en offrant au rachetant une portion du prix proportionnée à la valeur de ce droit ? Le texte ne paraît pas l'entendre ainsi : il semble bien dire que si les copropriétaires ne sont point d'accord pour offrir le prix total, celui ou ceux qui voudront agir devront offrir également le prix total.

De cette manière le rachetant sera complétement désintéressé, toutefois son droit s'éteindra seulement pour partie. Le postliminium en effet se produira pour la part du copropriétaire qui a payé, mais pour les autres parts celui-ci ne fera que succéder au droit du rachetant, ce droit subsistera donc pour partie. La distinction aurait son importance si l'esclave avait été antérieurement l'objet d'un droit de gage : c'est précisément l'hypothèse que prévoyait Tryphoninus dans le paragraphe précédent de la même loi.

2° En principe le droit du rachetant s'éteint par le remboursement du prix de rachat ; ce remboursement est inutile lorsque le rachetant renonce à son droit (D. 1 3, § 3, *De homine libero exhibendo* XLIII, 29, Ulpien).

La remise peut résulter d'une disposition testamentaire : les textes disent que le racheté peut être légué à lui-même, on appliquait sans doute les règles du legs *per vindicationem* (D. 1. 43, § 2, *De legatis* ; XXX, 1, Ulpien).

La remise peut être tacite : elle se présume lorsque le rachetant épouse la femme qu'il a rachetée, il est censé renoncer à tous les droits qu'il avait sur elle, le postliminium se produit en sa faveur au moment du mariage (D. l. 24, pr. h. t, Ulpien. — C. l. 2, h. t. Gordien. — C. l. 12, h. t., Dioclét. et Maxim.)

3° Lorsque le racheté décède ou lorsque la chose périt, le droit du rachetant s'évanouit, comme s'évanouirait par la perte de la chose un droit de gage proprement dit.

Les textes nous apprennent que le racheté meurt *apud redemptorem statu recepto* : mais comment se réglera sa succession ? La question est déli-licate : voyons d'abord où nous conduirait l'application des principes.

Le racheté n'est point revenu *jure postlimini* : il occupe *apud redemptorem* la position qu'il occupait *apud hostes*. Or, s'il était mort *apud hostes*, on eût appliqué la fiction de la loi Cornélia ; s'il meurt *apud redemptorem*, il faut appliquer la même fiction : il est censé mort le jour où il a été pris, c'est à ce moment que l'on doit se placer pour régler sa succession.

Le raisonnement est exact : est-il vrai cependant qu'il fut admis par les jurisconsultes romains ? M. Hase le prétend : mais le texte de Papinien qu'il invoque à l'appui de son opinion nous paraît précisément dire le contraire.

D. l. 1, § 4 *De suis et legitimis*, XXXVIII, 16, Papinien. — «*Quod si filius apud hostes sit, quamdiu vivit, nepotes non succedunt. Proinde, etsi fuerit redemptus, nondum succedunt ante luitionem:*

*sed si interim decesserit, quum placeat eum statu
recepto decessisse nepotibus obstabit.* »

Il s'agit de la succession d'un père qui meurt
durant la captivité de son fils et qui laisse des
petits-fils *in civitate*; tant que le fils demeure *apud
hostes*, ou, s'il est racheté, tant que le prix de rachat
n'est pas remboursé, le sort de la succession est en
suspens. Mais le fils décède *apud redemptorem* : si
nous appliquions à son égard la fiction de la loi
Cornélia, comme le voudrait M. Hase, il faudrait
dire qu'il est mort le jour où il a été pris, c'est-à-
dire avant le décès de son père : mais alors il ne
pourrait faire obstacle aux petits-fils, *nepotibus
non obstabit*. Papinien donne précisément la solution contraire : « *nepotibus obstabit* » : il n'est
donc pas vrai qu'il fasse intervenir ici la fiction
de la loi Cornélia. Le fils est mort libre, *statu recepto*, en vertu du postliminium qui s'est produit
au dernier instant de sa vie, et la distinction a
son importance ; au lieu de se placer au premier
moment de la captivité pour déterminer ses héritiers, c'est le moment du décès réel qu'il faudra
considérer.

Abordons maintenant un texte d'Ulpien qui
traite une espèce du même genre.

D. 1. 15, h. t. Ulpien. « *Si patre redempto et
ante luitionem defuncto, filius post mortem ejus
redemptionis quantitatem offerat, dicendum est
suum ei posse existere : etsi forte quis subtilius di-
cat, hunc dum moritur, quasi pignoris jure finito,
nactum postliminium, et sine obligatione debiti*

obiisse, ut possit suum habere : quod non sine ra-
tione dicetur.

On se demande si le racheté qui meurt *apud
redemptorem* aura un héritier sien, en d'autres
termes, s'il a pu avoir, au moment de sa mort,
d'autres personnes sous sa puissance. Suivant
Ulpien, deux opinions sont en présence : d'après
la première, qui paraît être l'opinion commune,
le racheté étant lui-même *in potestate redemptoris*
n'a pu avoir au moment de son décès d'autres
personnes en sa puissance ; l'héritier sien qui
veut conserver cette qualité doit rembourser le
prix de rachat, ce qui produit une sorte de postliminium posthume, le racheté est censé mort
libre, et investi de la puissance paternelle.

Suivant la seconde opinion, qui est adoptée
par Ulpien, bien qu'elle lui paraisse un peu subtile, il est inutile que l'héritier sien rembourse
le prix de rachat : le droit du rachetant s'est
éteint au moment où est mort le racheté, *quasi
pignoris jure finito,* et au même moment s'est produit en faveur de ce dernier le postliminium, il
est mort libre et *paterfamilias.*

La doctrine d'Ulpien concorde parfaitement
avec celle de Papinien : ni l'un ni l'autre ne font
intervenir la fiction de la loi Cornélia. L'opinion
indiquée en premier lieu par Ulpien, l'opinion
commune, ne suppose pas davantage l'application de cette fiction. A la rigueur on pouvait concilier cette opinion avec celle de M. Hase de la
manière suivante : L'héritier sien, qui ne désinté-

resse pas le rachetant, vient comme héritier sien par l'effet de la fiction de la loi Cornélia, ses droits datent du premier jour de la captivité. En offrant le remboursement du prix de rachat, il produit un postliminium posthume, il demeure héritier sien, mais ses droits cette fois datent du moment du décès réel : et il peut avoir intérêt à succéder comme héritier sien au moment du décès réel plutôt qu'au premier instant de la captivité. Mais cette idée serait singulièrement subtile, et il est difficile de croire qu'elle soit contenue dans ces mots si simples : « *dicendum est suum ei posse existere.* »

En somme aucun jurisconsulte romain ne paraît avoir admis ici l'intervention de la loi Cornélia, et il est facile d'en découvrir la raison. Observons que l'application de la loi Cornélia reposerait en pareil cas sur l'application d'une première fiction, de cette fiction que le racheté possède *apud redemptorem*, la condition qu'il avait *apud hostes :* on conçoit très-bien que les jurisconsultes aient hésité à entasser ainsi fiction sur fiction. En réalité le prisonnier n'est point mort *apud hostes*, cela suffit pour écarter toute intervention de la loi Cornélia.

Reprenons l'énumération des modes d'extinction du droit du rachetant.

4° Celui qui prostitue la femme libre qu'il a rachetée peut être contraint, en punition de son infamie, de renoncer aux droits que lui confère le rachat ; le président de la province devra inter-

venir à cet effet (C. l. 7, h. t. Dioclét. et Maxim;
— Basiliques, lib. XXXIV, 11, 6).

5° Honorius et Théodose nous présentent une
décision plus générale : dorénavant le racheté se
libérera en travaillant cinq ans pour le compte
du rachetant. La constitution, promulguée à l'occasion des invasions des barbares, prononce des
peines sévères contre quiconque retiendra illégalement un prisonnier : les chrétiens et les curiales
sont spécialement chargés de veiller à l'observation des prescriptions des deux empereurs (C.
Théod. l. 2, V, 5 ; C. Just. l. ultim. h. t.).

Le racheté avait deux moyens de faire valoir ses
droits à l'ingénuité. Il pouvait user de l'interdit:
de homine libero exhibendo; il pouvait aussi s'a-
dresser directement au préteur ou au président
de la province. Lorsqu'il soutenait, sans pouvoir
le démontrer, qu'il avait été racheté, non avec
l'argent du rachetant, mais avec son propre argent, son imposture le rendait passible de peines
particulières ; on le livrait au rachetant *sub
pœna vinculorum,* ou, sur la demande de celui-ci,
on le condamnait aux métaux (D. l. 38, § 4, *De
pœnis,* XLVIII, 19).

SECONDE PARTIE.

DE LA FICTION DE LA LOI CORNÉLIA.

Considérations générales. — Origine de cette fiction.

Le postliminium effaçait les effets de l'*occupatio bellica*, lorsque le prisonnier revenait à Rome ou que la chose était recouvrée par les Romains : mais supposons que le prisonnier décède en captivité ou que la chose périsse entre les mains de l'ennemi, le postliminium nous fait défaut.

A l'égard de la chose, la lacune importe peu : avec elle ont péri définitivement tous les droits dont elle pouvait être l'objet.

A l'égard des personnes, la question est plus compliquée : le prisonnier laisse une succession à Rome, il y laisse également une créance et des dettes. Tant qu'il a pu revenir, l'espoir du postliminium a suffi pour assurer un état de choses satisfaisant ; il est certain maintenant qu'il ne reviendra pas, il faut pourvoir autrement au règlement de ses affaires ; et c'est encore une fiction juridique, la fiction de la loi Cornélia, qui permet d'arriver à ce résultat. On suppose que le prisonnier est mort au moment où il a été pris : et l'on règle sa succession, comme on l'eût réglée si en effet il était mort à ce moment.

Cette fiction nous est constamment présentée par les textes sous le nom de fiction de la loi Cornélia : elle ne résultait donc point, comme le postliminium, d'un usage traditionnel, elle avait été établie par une disposition expresse du législateur. Avant de chercher à déterminer la date et l'origine de la loi Cornélia, demandons-nous comment on pourvoyait auparavant aux difficultés de la situation. Sur ce point les textes sont muets, nous sommes réduits aux conjectures que peuvent nous fournir les principes généraux du droit.

Le prisonnier a subi, au moment où il a été pris, une *capitis deminutio magna* qui l'a dépouillé de tous ses droits antérieurs, et son décès a rendu les effets de cette *capitis deminutio* irrévocables. Il suit de là qu'il ne peut avoir d'héritiers : le testament qu'il a pu faire avant la captivité est devenu *irritum*, et durant la captivité il n'a pas eu la capacité nécessaire pour en faire un second ; nul d'ailleurs ne peut se présenter pour recueillir sa succession ab intestat, la *capitis deminutio* a détruit tout lien de parenté civile ou naturelle. Ce n'est pas tout : l'absence d'héritiers fait courir à ses créanciers le risque de n'être jamais payés, à moins qu'ils n'aient eu la précaution de demander un gage ou de se faire fournir une caution.

C'est un état de choses fâcheux : indiquons cependant deux idées qui pouvaient corriger dans une certaine mesure les vices de la situation. Nous savons que durant la captivité on nommait d'ordinaire un curateur chargé d'administrer les biens : les créanciers pouvaient s'adresser à lui pour se faire payer. En second lieu il est possible que dès l'origine on ait permis aux plus proches parents de se saisir du patrimoine et de le partager entre eux, comme ils auraient fait si le prisonnier fût mort au moment où il avait été pris. L'idée de le supposer mort à ce moment se présentait naturellement à l'esprit, puisque c'est l'instant où il a perdu tous ses droits, où il est mort en quelque sorte pour la cité romaine ; et cette fiction devait s'admettre d'autant plus facilement que dans la pratique elle permettait de régler toutes les difficultés de la manière la plus satisfaisante. Si cette conjecture est fondée, la loi Cornélia n'aurait fait que confirmer, au moins pour les successions ab intestat, un usage qui existait antérieurement.

Quelle est la date de cette loi ? Et quel en est l'auteur ? Le nom qu'elle porte montre bien qu'elle ut présentée par un membre de la *gens Cornelia*, par un Cornélius ; mais quel était ce Cornélius ?

La question est controversée : les uns l'attribuent à l'un des Scipions, à l'époque des guerres puniques, les autres en font honneur au dictateur Cornélius Sylla.

La première opinion, soutenue autrefois par Viglius Zuichemus (*ad Instit.* 11, 12) et de nos jours par Bach (*hist. jurispr. rom.* 73, note 3) se fonde sur cette idée que le besoin de la fiction a dû se faire sentir de la manière la plus pressante bien avant l'époque de Sylla : d'une part, en effet, les historiens nous apprennent qu'un nombre considérable de Romains tombèrent entre les mains d'Annibal ; d'autre part le décès des prisonniers *apud hostes* devait se produire d'autant plus fréquemment que les comices paraissaient peu disposés à favoriser leur retour.

Cette considération ne prouve rien, parce qu'elle prouverait trop ; à ce compte en effet il faudrait faire remonter l'adoption de la loi Cornélia à l'époque des premiers rois de Rome. Si du temps d'Annibal on était peu favorable au rachat des prisonniers, c'est qu'on les voyait de mauvais œil, et il n'est pas probable qu'on ait voté à cette époque une loi destinée à assurer le règlement de leur succession.

Bach cite un passage de Tite-Live qui démontre, suivant lui, que durant les guerres puniques il existait une fiction analogue à la fiction de la loi Cornélia ; mais il suffit de lire ce passage pour se convaincre qu'il ne se rapporte en rien à la question: Tite-Live fait simplement allusion à l'effet rétroactif du postliminium (Tite-Live, lib. XXVII, 21 et XXX, 19).

On reconnaît en principe que toute loi Cornélia, pour laquelle les textes n'indiquent point une origine différente, doit être rapportée au dictateur Cornélius Sylla : qui nous empêche d'appliquer ici la règle ? D'après l'objet même de notre loi, il n'est pas probable qu'elle ait été présentée isolément, il est plus naturel de la rattacher au vaste système législatif de Sylla.

Mais cette manière de voir une fois admise, une difficulté nouvelle se présente : la fiction qui nous occupe a-t-elle été introduite par une loi Cornélia spéciale ? Ou bien l'a-t-on fait dériver par voie de conséquence d'une loi Cornélia dont l'objet primitif aurait été tout différent ?

Cette seconde opinion est celle qui prévaut généralement : on fait venir notre fiction de la loi Cornélia *De falsis seu testamentaria*. « Il est extrêmement probable, dit Hugo (Histoire du droit, p. 648-650), que la loi prononçait contre la substitution ou la soustraction d'un testament dont l'auteur était mort *apud hostes*, la peine même qui aurait été encourue si le testateur, au lieu d'être fait prisonnier, avait été tué par l'ennemi. » On aurait conclu de cette disposition, par voie d'interprétation, que le testament était valable, comme il l'eût été si le testateur était mort au moment où il avait été pris ; plus tard l'effet de la fiction aurait été étendu aux successions ab intestat et aux droits de toute nature.

Cette manière de voir nous semble forcée : de nos jours Schilling a réagi contre elle avec succès (*Remarques sur l'histoire du droit romain*, 285-287) : d'après lui la fiction aurait reçu dès le début une application beaucoup plus large, et suivant toute apparence elle aurait été introduite par une loi spéciale. Il est certain que nous n'avons pas un seul texte qui rattache la fiction de la loi Cornélia à la loi Cornélia *testamentaria :* généralement au contraire les jurisconsultes nous apprennent que la loi Cornélia assurait le règlement de la succession du prisonnier, sans établir aucune distinction entre les successions testamentaires et les successions ab intestat (D. l. 23, § 5. h. t., Ulpien ; D. l. 6 pr., *De suis et legitimis* XXXIII, 16, Ulpien. — *Sentent. recept.* III, 4, § 8, Paul). D'autres fois ils paraissent dire que la loi statuait directements ur le sort du patrimoine du prisonnier : « *idemque jus in eadem causa omnium rerum jubetur esse lege Cornelia, quæ futura esset, si hi, de quorum hereditatibus et tutelis constituebatur in hostium potestatem non pervenissent.* » (D. l. 22, pr. h. t., Julien). Papinien dans la loi 10, § 1 de notre titre paraît rendre compte de la manière suivante du texte même de la loi : « *legem Corneliam de tabulis secundis nihil locutam ejus duntaxat personam demonstrasse, qui testamenti factionem habuisset.*» La loi s'occupait donc de savoir si le testateur avait eu faction de testament, elle laissait de côté le testament fait pour l'impubère par le père qui l'avait en sa puissance : il n'est pas probable que la loi Cornélia *De falsis* ait fait de semblables distinctions : il faut supposer ici l'existence d'une loi Cornélia particulière dont il ne nous reste d'ailleurs aucune autre trace. Si le plus souvent les textes font intervenir la fiction en vue de la confirmation des testaments, ce fait s'explique facilement en admettant, ce qui n'a rien d'invraisemblable, que c'est surtout à l'égard des successions testamentaires que la loi Cornélia a innové : relativement aux successions ab intestat elle aurait simplement confirmé un usage antérieur.

Examinons maintenant les effets de notre fiction, et demandons-nous comment elle s'applique : 1° aux successions en général et aux autres parties du droit ; 2° aux substitutions pupillaires en particulier.

———

CHAPITRE Ier

DE L'APPLICATION DE LA FICTION DE LA LOI CORNÉLIA AUX SUCCESSIONS EN GÉNÉRAL ET AUX AUTRES PARTIES DU DROIT.

D'après la loi Cornélia le Romain qui décède *apud hostes* est censé mort au moment où il a été pris : le moment où il a été pris doit évidemment s'entendre ici du dernier instant de sa liberté, car il s'agit de le faire mourir libre et dans l'intégrité de ses droits. S'il y a un point qui doive nous étonner en cette matière, c'est qu'une idée aussi claire ait pu être l'objet d'une controverse opiniâtre et passionnée, d'une controverse, qui, s'il en faut croire de Retes, s'est poursuivie durant plusieurs siècles, notamment entre les Bartolistes d'un côté et les jurisconsultes de l'école espagnole de l'autre (de Retes, *Meerman's thesaurus*, VI, p. 303).

Le prisonnier est mort libre : le testament qu'il a pu faire *in civitate* demeure valable, et à défaut d'héritiers testamentaires, les héritiers ab intestat seront appelés comme ils l'auraient été si le défunt fût mort réellement le jour où il a été pris.

Par héritiers nous entendons ici les successeurs prétoriens, les *bonorum possessores*, au même titre que les héritiers du droit civil. Les actions héréditaires, l'action *familiae erciscundae*, l'interdit *de tabulis exhibendis* seront donnés à qui de droit, non pas comme actions utiles, mais comme actions directes.

Le décès du prisonnier pouvait se produire longtemps après le commencement de la captivité : ceux qui se trouvaient héritiers présomptifs au moment où il avait été pris auraient eu le plus grand intérêt à se faire envoyer provisoirement en possession du patrimoine au moyen d'une *bonorum possessio decretalis* : et suivant Cujas et de Retes c'est ainsi que les choses se passaient (de Retes, *Meerman's thesaurus*, VI, p. 304).

Cette manière de voir nous paraît inadmissible : *viventis nulla hereditas* : cette maxime prévalait en droit prétorien comme en droit civil ; et l'espérance du postliminium ne permettait pas d'y déroger, tant que le décès du prisonnier demeurait incertain. La doctrine de Cujas, peu vraisemblable en elle-même, demanderait à être appuyée par des textes décisifs, et ceux qu'il invoque sont peu concluants : il s'est évidemment mépris sur le sens du premier, et le second lui est peu favorable.

Voici le premier :

D. l. 12, pr. *De bonor. posses.* XXXVII. 1; Ulpien. — « *Non est ambigendum, quod plerumque et contra fiscum et contra rempublicam admitti debeant quidam, utputa venter, item furiosus, item is, qui captivi bonorum possessionem petit.* »

Cujas et de Retes supposent que la *captivi bonorum possessio* est l'envoi en possession des biens du captif : mais le rapprochement de ces mots avec ceux qui précèdent : « *venter, item furiosus* » montre bien qu'il s'agit de l'hypothèse inverse; Ulpien a en vue la *bonorum possessio* qui est demandée au nom du captif.

De Retes invoque aussi la loi 4 de notre titre, au Code. Dioclétien et Maximien supposent dans cette loi que le fils d'une captive s'est saisi de la succession de sa mère, avant que l'on fût assuré de son décès : puis le fils meurt et la succession passe entre les mains de ses héritiers. On apprend dans la suite que la mère a survécu au fils ; au moment où elle est morte, ses plus proches héritiers étaient ses neveux : les empereurs dé—

clarent que ces neveux auront droit à la *bonorum possessio*.

Rien n'indique dans cette constitution que le fils eût obtenu une *bonorum possessio decretalis* : au contraire il avait fait adition (*adiri non potuisse*). En admettant même qu'il eût obtenu une *bonorum possessio decretalis*, le texte n'en serait guère plus concluant : les empereurs décident en effet que tout ce qui s'est fait s'est fait illégalement et doit être considéré comme non avenu.

Lorsqu'une succession est déférée en vertu de la loi Cornélia, à quel moment se trouve déférée cette succession ? Est-ce au moment du décès réel du prisonnier, ou rétroactivement, par application de la fiction, au moment même où il a été pris ?

Lorsque les héritiers sont des héritiers externes ou des *bonorum possessores*, la question est dépourvue d'intérêt pratique : les uns et les autres n'ont pu acquérir la succession qu'en vertu d'un acte de volonté spécial qui suppose la connaissance certaine du décès du prisonnier : l'acquisition pour eux se produit nécessairement après la mort de ce dernier, peu importe que la succession leur ait été déférée plus tôt ou plus tard.

Il n'en est plus de même s'il s'agit d'un héritier nécessaire : il acquiert l'hérédité au moment même où elle lui est déférée. Il est intéressant de savoir à quel moment elle lui est déférée. Supposons en effet que lui-même décède durant la captivité : si la succession lui est déférée seulement lors du décès réel du prisonnier, il ne peut l'acquérir puisqu'il n'existe plus, on passe aux héritiers du degré suivant ; mais si cette succession lui a été déférée rétroactivement, par application de la fiction, au moment où le prisonnier a été pris, il a acquis la succession avant de mourir, et en mourant il l'a transmise à ses propres héritiers.

Les commentateurs du droit romain décident d'ordinaire que c'est au moment du décès réel du prisonnier que la succession est déférée à ses héritiers : et en effet il semble peu juridique de donner pour successeur au prisonnier une personne qui est morte avant lui (Fabre, *conjec. jur. civil.* X, 6, — de Retes, Meerman's thesaurus, VI, 304). Nous croyons cependant que la doctrine contraire était la conséquence nécessaire de la fiction de la loi Cornélia et que cette doctrine était celle des jurisconsultes romains.

Il est probable qu'à l'origine la question avait fait doute : Gaïus indique une controverse dont l'objet était à peu près le même (Gaius 1, § 119). On se demandait de son temps si la puissance paternelle prenait fin lors du décès réel du captif, ou si rétroactivement elle était censée éteinte dès le premier jour de la captivité : cette seconde idée finit par prévaloir, c'est la seule qui soit indiquée par le Digeste. Ainsi le fils de famille dont le père décède *apud hostes* est censé avor été *sui juris* dès le premier jour de la captivité : mais ne devons-nous pas dire que depuis le même jour il a acquis la succession de son père en qualité d'héritier sien? Pouvons-nous séparer l'une de l'autre deux idées aussi voisines et aussi semblables?

Fabre objecte que la fiction doit s'appliquer à la personne du captif et non à la personne de l'héritier (*Conject. jur. civil.*, X, 6): mais nous n'établissons aucune fiction à l'égard de l'héritier, nous lui attribuons simplement les avantages qui sont pour lui la conséquence directe et immédiate de la fiction relative au prisonnier.

Papinien, dans la loi 15, *De suis et legit.* D. XXXVIII, 16, traite une question voisine de celle qui nous occupe : le père meurt *apud hostes*, le fils qui est mort avant lui *in civitate* est censé mort *pater familias* et il a un héritier : si Papinien parle expressément de l'hérédité du fils, il est probable que cette hérédité ne comprend pas seulement ce que le fils a pu acquérir durant la captivité, elle comprend surtout l'hérédité du père qu'il a acquise rétroactivement le jour même où celui-ci a été pris.

C'est ce que nous dit avec plus de clarté un texte d'Ulpien qu'on a voulu cependant interpréter en sens contraire.

D. 1. 6. *De castrensi peculio*, XLIX, 17 Ulpien. — « *Nec est novum ut ex post facto aliquis successorem habuisse videatur. Nam et si filius ejus qui ab hostibus captus est, decesserit patre captivo vivo, si quidem pater regrederetur, quasi filius familias peculium haberet ; enimvero si ibidem pater decesserit, quasi paterfamilias, legitimum habebit successorem, et retro habuisse creditur ejus successor ea quoque quæ medio tempore filius iste quæsiit, nec heredi patri, sed ipsi filio quæsita videbuntur. »*

On a voulu argumenter des derniers mots : *« nec heredi patri, sed ipsi filio quæsita videbuntur »* pour soutenir qu'il existait ici un héritier du père distinct de la personne du fils. Mais Ulpien veut dire simplement que si le fils, qui est censé avoir été *sui juris* depuis le jour où le père a été pris, a acquis quelque bien durant la captivité, il en est devenu propriétaire directement, en son propre nom et non en qualité d'héritier de son père. Le texte ne distingue pas deux personnes différentes, mais deux qualités qui se rapportent à la même personne, celle du fils. La question aurait son importance, si le fils avait des cohéritiers, il n'aurait pas à partager avec eux ce qu'il aurait ainsi acquis pour son propre compte.

Le même texte, loin de confirmer la doctrine que nous combattons, nous fournit au contraire un argument que nous croyons décisif.

« *Retro creditur habuisse ejus successor ea quoque quæ medio tempore ...* » : l'héritier du fils recueille *aussi* ce que le fils a pu acquérir durant la captivité : donc la succession du fils comprend autre chose, elle comprend la succession du père, c'est-à-dire que cette succesion lui a été déférée rétroactivement le jour même où le père a été pris.

L'héritier testamentaire ou ab intestat qui survient en vertu de la fiction de la loi Cornélia n'acquiert point seulement ce que le prisonnier a laissé *in civitate*, il acquiert les accroissements que le patrimoine a pu recevoir durant la captivité, il acquiert tout ce que le prisonnier aurait recouvré, s'il fût revenu *jure postliminii* (D. 1. 22, pr. et § 1, h. t. Julien).

Il faut faire exception cependant pour les accroissements dus au fils de famille qui se trouvait antérieurement sous la puissance du prisonnier. Ces accroissements sont attribués au père, si plus tard il revient ; mais s'il meurt en captivité, ils appartiennent en propre au fils de famille qui est censé avoir été *sui juris* au moment où il les a acquis, et ne figuraient point dans la succession du père, comme nous l'avons précédemment remarqué. Les acquisitions faites par le fils se distinguent sous ce rapport des acquisitions faites par l'esclave, qui font dans tous les cas partie intégrante du patrimoine (D. 1. 4 ; h. t. Marcellus ; 1. 12, § 1, h. t. Tryphoninus, 1. 22, § 3, h. t. Julien).

Lorsque l'esclave ou le fils dont le maître ou le père est prisonnier et décède *apud hostes*, a stipulé d'un tiers, il importe de savoir s'il a stipulé en son propre nom ou au nom du captif : dans le premier cas, la stipulation est valable, elle est acquise à l'hérédité ou à la personne du fils, suivant qu'elle a été faite par l'esclave ou par le fils ; dans le second cas, elle est nulle, le prisonnier est censé mort depuis le jour où il a été pris : on a stipulé au nom d'une personne qui n'existait plus (D. 1. 18, § 2, *De stipul. servor.* XLV, 3, Papinien).

Le prisonnier qui décède *apud hostes* est un fils de famille qui laisse un pécule castrans dont il a disposé au moyen d'un testament fait *in civitate* : la loi Cornélia confirme ce testament (D. 1.14, pr, *De castrens. pecul.* XLIX, 17, Papinien).

La même proposition est exprimée dans la première partie de la loi 39, (D. *De testam. milit.* XXIX, 1, Paul). La seconde partie de cette loi n'est pas très-claire, le mot *pater* est employé deux fois dans la même phrase pour désigner deux personnes différentes. Voici cependant quel est le sens de ce fragment : le fils de famille qui est pris par l'ennemi laisse *in civitate* une femme enceinte qui accouche durant la captivité ; le père du prisonnier décède *in civitate,* puis le prisonnier meurt *apud hostes :* l'agnation du petit-fils a certainement rompu le testament du grand-père, s'il en a laissé un : a-t-elle rompu le testament du prisonnier qui avait testé sur son pécule castrans ? Non, car le prisonnier est censé mort le jour où il a été pris, il est mort *filius familias,* il n'a pu avoir d'héritiers siens.

On peut rapprocher de ce fragment une loi sur laquelle certains commentateurs se sont fondés pour imaginer une nouvelle classe de posthumes, les *posthumes Cornéliens* : c'est la loi 15, D. *De injust. rupt. irrit. test.* XXVIII, 3, Javolénus. Le prisonnier a laissé *in civitate* une femme enceinte qui accouche durant la captivité : la survenance de l'enfant rompt le testament du prisonnier. L'enfant meurt, puis le père décède *apud hostes* : ne faut-il pas appliquer le rescrit d'Adrien, qui donne à l'héritier institué la *bonorum possessio secundum tabulas*, lorsque l'enfant, dont l'agnation a rompu le testament, vient à mourir avant le testateur (D. 1. 12, eod. tit. Ulpien). Non, la rupture du testament est ici définitive, car l'application de la fiction de la loi Cornélia fait de l'enfant un véritable posthume sien.

Examinons quelques passages de la célèbre loi Gallus qui combinent les règles relatives aux posthumes avec la fiction de la loi Cornélia (D. 1. 29, §6, et 14, *De lib. et post.* XXVIII, 2, Scévola).

La formule Aquilienne permettait d'instituer le petit-fils né d'un fils héritier sien, lorsque le fils, encore vivant lors de la confection du testament, décédait avant le testateur, et que le petit-fils venait au monde après le décès de ce dernier. Scévola dans le §6 de notre loi suppose l'espèce suivante : le fils est vivant au moment où meurt le testateur, mais il est prisonnier, et plus tard il décède *apud hostes* ; le petit-fils naît après le décès du grand-père : ce cas rentre-t-il dans la formule ? Non, car le fils a survécu au testateur et la formule suppose qu'il meurt avant lui.

Scévola reproche d'autant plus vivement à Aquilius Gallus d'avoir omis le cas proposé, que la loi Velleia ne peut être ici d'aucun secours : cette loi s'applique à l'enfant né du vivant du testateur, et ici le petit-fils naît après la mort du grand-père. Scévola cependant prenant en considération l'esprit et les innovations de la loi Velleia, propose d'interpréter ici la formule Aquilienne dans le sens le plus large et d'y faire rentrer l'espèce qu'il a imaginée.

Il aurait pu dire plus simplement qu'en vertu de la fiction de la loi Cornélia le fils est censé mort avant le père, nous sommes exactement dans les termes de la formule Aquilienne ; mais du temps de Scévola on n'aurait pas osé faire de la fiction une application aussi générale.

Cette idée cependant ne lui était pas étrangère, car il l'indique dans le § 14 de la même loi.

Le testateur laisse un fils prisonnier, qui plus tard décède *apud hostes*, et un petit-fils *in civitate* qu'il avait institué avant que le fils ne fût pris par l'ennemi : peut-on dire que la loi Velleia confirme ici l'institution du petit-fils ? L'hésitation est permise, car la loi suppose que c'est la mort du fils, qui, du vivant du testateur, fait du petit-fils un héritier sien. Scévola cependant admet l'affirmative, la loi, dit-il, ne précise pas l'époque du décès du fils ; il signale aussi le parti que l'on pourrait tirer de la fiction de la loi Cornélia, mais cette considération lui paraît bien audacieuse.

Ainsi du temps de Scévola on hésitait à généraliser l'application de la loi Cornélia : plus tard ces scrupules disparurent, et les effets de la fiction s'étendirent à des matières qui n'avaient plus rien de commun avec la matière des successions. La loi 32, § 14, D. *De donat. inter vir. et uxor.* XXIV, 1, nous en offre un exemple. Deux époux sont faits prisonniers en même temps et décèdent l'un et l'autre *apud hostes* : Ulpien se demande quel sera le sort des donations qu'ils ont pu se faire. Si un seul d'entre eux avait été pris, il faudrait distinguer suivant que le prisonnier aurait été le donateur ou le donataire : dans le premier cas la donation aurait été confirmée, car le donataire serait décédé sans l'avoir révoquée ; dans le second cas le sort de la donation eût été surbordonné à la volonté du donateur demeuré *in civitate*. Mais l'un et l'autre ont été pris en même temps, et ils ne reviennent pas : d'après la fiction de la loi Cornélia ils sont considérés comme morts au même instant, on ne peut dire que l'un des deux ait survécu à l'autre, que le donateur ait survécu au donataire : ce qui suffit pour assurer la validité des donations.

Pomponius fait intervenir la fiction en matière de dot (D. 1 10, pr. *De solut. matrim.* XXIV, 3). La femme qui a reçu de son père une dot profectice est prise par l'ennemi et décède en captivité : le mariage s'est dissous du vivant de la femme, le père cependant peut réclamer la dot, « *ac si nupta decessisset :* » elle est censée morte en effet au moment où l'ennemi s'est emparé d'elle.

Ces différentes applications de notre fiction sont comprises, avec toutes celles que l'on peut imaginer ou que l'on trouve dans d'autres textes, dans la formule générale que nous donne Ulpien dans la loi 18 de notre titre : « *in omnibus partibus juris, is qui reversus non est ab hostibus, quasi tunc decessisse videtur, cum captus est.* »

CHAPITRE II.

DE L'APPLICATION DE LA FICTION DE LA LOI CORNÉLIA AUX SUBSTITUTIONS PUPILLAIRES.

L'application de la fiction de la loi Cornélia aux substitutions pupillaires présentait des difficultés particulières : la validité de ces substitutions dépendait à la fois du moment où décéde le substituant et du moment ou décéde l'impubère : l'un et l'autre pouvaient décéder dans les conditions prévues par la loi Cornélia, l'espèce pouvait être des plus compliquées, et nous verrons que les jurisconsultes romains n'ont pas toujours été d'accord sur les solutions qu'il convenait de faire prévaloir.

De Retes ramène à cinq les **hypothèses** qui pouvaient donner lieu à quelques doutes : examinons successivement ces cinq hypothèses.

1° Le père est fait prisonnier et meurt *apud hostes* : le fils demeuré *in civitate*, lui survit, puis décède impubère : la substitution est-elle valable ?

Une substitution ne produit ses effets qu'autant que le substituant a conservé jusqu'au moment de sa mort la puissance paternelle sur l'impubère : ici c'est la captivité du père qui a mis fin à la puissance paternelle, l'impubère est devenu *sui juris* avant le décès du substituant, la substitution doit s'évanouir. Ce raisonnement avait **arrêté** en effet quelques jurisconsultes, s'il en faut croire Papinien ; mais la fiction de la loi Cornélia venait remédier à la difficulté. Le père est censé mort au moment où il a été pris : le décès du substituant et l'extinction de la puissance paternelle se sont donc produits au même instant, l'objection est écartée, la substitution est valable.

Telle est la décision que nous présentent Papinien (D. l. 10, pr., h. t.) et Julien (D. l. 28, *De vulg. et pupil. subst.* XXVIII, 6).

Aucun d'eux ne paraît distinguer suivant que l'impubère a été institué ou exhérédé dans le testament paternel, les raisons qu'ils invoquent à l'appui de leur solution s'appliquent aux deux cas de la même manière. Fabre cependant a cru devoir élever une controverse sur ce point (*Con-*

ject. jur. civil, X, 4) : mais les arguments sur lesquels il se fonde sont si subtils qu'il nous semble superflu de les reproduire.

2° Le père décède en captivité, et le fils *in civitate* : mais le fils meurt avant le père, c'est en quoi cette espèce se distingue de la précédente.

Papinien traite cette hypothèse de la manière suivante.

D. l. 11, pr. h. t. — « *Quod si filius ante moriatur in civitate, nihil est, quod de secundis tabulis tractari possit, sive quoniam vivo patre filius familias mori intelligitur, sive quoniam non reverso eo ex inde sui juris videtur fuisse, ex quo pater hostium potitus est.* »

« *Nihil est quod de secundis tabulis tractari possit* » : suivant Cujas (*Observ.* XV, 17) ces mots signifient que la question ne pourra jamais faire doute : suivant que le père reviendra ou ne reviendra pas, le sort de la substitution sera différent, mais la solution ne présentera aucune difficulté. Et en effet, si le père revient, il est censé n'avoir jamais perdu ni la cité romaine ni la puissance paternelle, l'impubère est mort *alieni juris*, la substitution s'évanouit. S'il décède en captivité au contraire, il est censé mort avant le fils, comme dans l'espèce précédente : la substitution est valable.

La Glose, Fabre (*Conj. jus. civil.* X, 6, 7, *jurisp. Papin.* XI, 9) et de Retes (Meerman's thesaurus, VI, 306) ont compris autrement la réponse de Papinien : suivant eux , que le père revienne ou non, la substitution sera sans effet.

Papinien vient de remarquer, que dans l'hypothèse prévue par la loi 10, certains jurisconsultes combattaient la validité de la substitution, sous prétexte que l'impubère était devenu *sui juris* du vivant du substituant : que l'on admette ou non cette manière de voir, nous dit-il maintenant, dans l'espèce prévue par le proemium de la loi 11, la substitution sera sans valeur.

En effet, si l'on considère le moment du décès réel du prisonnier, il faut dire que le fils, étant mort avant le père, est mort *filius familias*, il ne peut avoir d'hérédité. Si au contraire on regarde le prisonnier comme décédé depuis le premier jour de la captivité, l'impubère est devenu *sui juris* avant le décès du substituant, la substitution est nulle.

Cette interprétation nous paraît beaucoup moins satisfaisante que celle du Cujas. Le père qui décède *apud hostes* est censé mort le jour où il a été pris, il est mort avant l'impubère : l'espèce est la même que l'espèce examinée sous le n° 1, la solution doit être la même : la substitution est valable : ce qui dément l'explication proposée.

3° Le père meurt *in civitate*, le fils est fait prisonnier après la mort du père, et décède *apud hostes intra pubertatem.*

Ce qui peut faire douter ici de la validité de la substitution, c'est que le passage de la loi Cornélia qui confirme les testaments parle uniquement du testament des personnes qui ont eu le *factio testamenti*. Or la substitution pupillaire n'est autre chose que le testament de l'impubère, c'est-à-dire le testament d'une personne qui n'a pas le *factio testamenti* : on n'est donc plus dans les termes de la loi.

D'un autre côté le but de la fiction est de régler toute espèce de succession comme si le prisonnier était mort *in civitate* : de plus la loi Cornélia confirme la succession ab intestat de l'impubère, comme celle de tout autre citoyen romain, elle doit confirmer également la succession testamentaire de cet impubère. Papinien décide donc que, par application bienveillante de la fiction, il faut admettre ici la validité de la substitution ; le préteur se conformera à l'esprit de la loi, de même qu'il respectera la volonté du père, en donnant au substitué des actions utiles, à défaut d'actions directes (D. l. 10, § 1, h. t.)

Julien, dans la loi 28 D. *Devulg. et pupil. subst.* XXVIII, 6, nous présente la même décision, mais avec une certaine hésitation : *non commode dicitur*. Ces mots ont choqué un grand nombre de commentateurs, Cujas, Fabre, Haloander, Gebauer, etc. — qui ont voulu y substituer ceux-ci : *non incommode dicitur*. La première version nous paraît préférable : Papinien, dans la même hypothèse, n'accorde au substitué que des actions utiles ; on comprend très-bien que Julien éprouve ici certains scrupules.

4° Comme précédemment le père meurt *in civitate* et le fils *apud hostes* ; mais le fils est fait prisonnier avant le décès du père.

Quel que soit le moment du décès réel du fils, il est censé mort le jour où il a été pris, il est mort avant le père, la substitution est sans valeur.

Julien donne à l'appui de cette solution le motif suivant : « *non efficitur per eam (legem Corneliam) ut is qui nulla bona in civitate reliquit, heredes habeat.* » Le fils, en effet, est mort avant le père, il est mort *filius familias* et n'a pu laisser d'hérédité.

5° Le père et le fils sont faits prisonniers et décèdent l'un et l'autre en captivité. Cette espèce comporte une distinction.

A. — Le père et le fils ont été faits prisonniers en même temps. Mühlenbruch applique la règle relative aux commorientes (*Comment.*, p. 454): le fils impubère, dit-il, est présumé mort le premier, le substitution s'évanouit. Mais l'application de cette présomption nous paraît ici déplacée : si le père et le fils sont considérés comme décédés au même moment, c'est en vertu de la fiction de la loi Cornélia, et nous n'avons pas le droit de modifier les effets de cette fiction au moyen d'une présomption empruntée à une autre matière.

Du reste, alors même que l'on écarte cette présomption, il faut toujours reconnaître la défaillance de la substitution. Le père et le fils sont censés morts au même instant : le substitué ne peut prouver que le fils ait survécu au père, il ne peut se prévaloir de la substitution.

B. — Il n'en est pas toujours de même, lorsque le père et le fils ont été pris à des moments différents.

Si le fils a été pris le premier, il est censé mort avant le père, la substitution est sans effet.

Si le fils a été pris le second, le père est censé mort avant lui : l'espèce est exactement la même : que celle que nous avons examinée sous le n° 3 : le père décède, puis le fils est fait prisonnier et meurt *apud hostes intra pubertatem*. Nous devons donc appliquer la même solution : la substitution sera valable, mais le substitué n'aura droit qu'à des actions utiles.

Telle est la décision qui paraît résulter de l'application des principes : est-ce bien celle que nous présente le Digeste ?

Nous avons sur ce point deux textes qui se concilient difficilement entre eux.

D. 1. 11, § 1, h. t. Papinien. — « *Sed si ambo apud hostes sint, et prior pater decedat, sufficiet lex Cornelia substituto non alias quam si apud hostes patre defuncto filius in civitate decessisset.* »

Mühlenbruch (*Comment.*, p. 454) s'étonne que ce paragraphe ait soulevé de vives controverses, au point d'être rangé parmi les textes les plus difficiles du Digeste : mais l'explication qu'il en donne n'est pas de nature à faire cesser la discussion. D'une part, en effet, il suppose que le père et le fils ont été faits prisonniers en même temps, d'autre part il traduit « *non alias quam* » par ces mots : « *dans le cas seulement où, sous la condition que.* » Le paragraphe reçoit ainsi le sens suivant : « *Si le père et le fils ont été faits prisonniers en même temps et que le père décède avant le fils, la loi Cornélia ne donnera effet à la substitution qu'autant que le fils sera revenu* in civitate *et y sera mort impubère.* » Le texte n'aurait ainsi aucun rapport avec l'espèce que nous traitons.

Cette interprétation ne nous semble pas heureuse : rien ne montre que dans la pensée de Papinien le père et le fils aient été faits prisonniers en même temps, cette supposition au contraire paraît la moins probable. Mühlenbruch lui-même reconnaît que l'espèce qui en résulte ne présente aucune difficulté : comment admettre que Papinien ait cru devoir donner la solution d'une manière aussi embarrassée ? Considérons d'ailleurs la suite des deux paragraphes de notre loi : dans le prœmium le père est pris par l'ennemi, puis le fils meurt *in civitate*; dans le paragraphe 1 ils sont pris tous les deux : cette seconde espèce paraît se rattacher à la première. Dans les deux cas la captivité du père est le fait qui précède tous les autres : c'est la partie commune des deux hypothèses. Puis, ou bien le fils meurt *in civitate*, c'est la première espèce; ou bien il est lui-même fait prisonnier, c'est la seconde. Cette explication relie logiquement l'une à l'autre les deux parties de notre loi. L'analogie frappante qui existe entre ce texte et le fragment de Scévola que nous allons examiner dans un instant (D. 1. 29, *De vulg. et pupil. subst.* XXVIII, 6) nous porte également à croire que Papinien suppose ici le père pris par l'ennemi avant le fils.

La manière dont Mühlenbruch traduit « *non alias quam* » nous semble tout aussi défectueuse : elle ne répond ni à la tournure grammaticale de la phrase ni aux premiers mots du texte. Avec cette traduction en effet le plus-que-parfait du subjonctif « *decessisset* » est incompréhensible : ce plus-que-parfait montre que l'on compare l'espèce prévue avec une espèce différente. D'un autre côté il faut tenir compte des mots « *et prior pater decedat :* » si le père est mort le premier en captivité, c'est qu'il n'y est pas mort seul, donc le fils y est mort aussi ; comment admettre ensuite qu'il puisse revenir *in civitate ?*

Fabre traduit « *non alias quam* » comme s'il y avait « *non aliter quam* » (*Conject. jus. civil.* X, 7) : imitons-le, et rappelons-nous que le père a été pris le premier ; le texte nous donnera le sens suivant : « *Lorsque le père a été fait prisonnier et le fils après lui, si l'un et l'autre décèdent en captivité, la substitution sera valable, comme elle le serait si le père étant mort en captivité le fils fût mort impubère* in civitate. »

Ainsi entendue (Cujas, *quœstion. Papin.* XXIX), la décision de Papinien concorde parfaitement avec celle qui nous a paru résulter de l'application

des principes : la substitution est valable. Seulement, au lieu de renvoyer au cas où, le père étant
mort captif, l'impubère décède *in civitate*, Papinien eût mieux fait de renvoyer au cas où le père
décède *in civitate*, puis l'impubère *apud hostes* ;
les deux espèces auraient été plus voisines, et elles
auraient présenté ce point commun, que, dans
l'une comme dans l'autre, le préteur ne peut
donner que des actions utiles.

Toutefois, si le texte de Papinien confirme la
doctrine que nous avons proposée, nous avons
un texte de Scévola qui la contredit formellement.
Scévola prévoit la même espèce, il l'expose même
en termes plus clairs et plus précis que Papinien ;
et il donne une solution contraire.

D. l. 29, *De vulg. et pupil. subst.*, XXVIII, 6,
Scévola. — « *Si pater captus sit ab hostibus, mox
filius, et ibi ambo decedant, quamvis prior pater
decedat, lex Cornelia ad pupilli substitutionem non
pertinebit, nisi reversus in civitate impubes decedat, quoniam, et si ambo decessissent, veniret sub-
stitutus.*

Cujas propose de remplacer *quoniam* par *quam-
quam (quaest Papin. XXIX)*: on adopte d'ordinaire
une autre correction qui rend celle de Cujas inutile. Observons en effet que Scévola suppose dans
la première partie du texte que le fils est décédé
apud hostes (« *et ibi ambo decedant* »), et dans la seconde, qu'il revient *in civitate (nisi reversus*, etc).
Nous retrouvons ici la contradiction qui apparaît
dans le texte de Papinien ; quand on traduit « *non*

alias quam » comme le fait Mühlenbruch. Il est
facile de faire disparaître cette contradiction, il
suffit de remplacer la virgule qui suit *pertinebit*
par un point et virgule. Le « *nisi reversus*, etc., »
constitue alors une seconde espèce qui ne se confond pas avec la première et qui en est tout à fait
indépendante. Il est inutile en pareil cas de modifier *quoniam* ; cette expression se rapporte parfaitement à la seconde espèce.

Ce sont là des corrections de détail : qu'on les
adopte ou non, le sens du texte n'en est pas moins
clair ; Scévola déclare que dans l'espèce prévue
la substitution est sans effet : Papinien nous a
présenté une solution différente, et la solution de
Papinien est conforme aux principes. Comment
rendre compte de cette contradiction ?

Nombre d'auteurs ont essayé de concilier les
deux textes, les uns en corrigeant celui de Scévola
de manière à le ramener à la doctrine de Papinien, les autres en modifiant celui de Papinien
de manière à l'accommoder à la doctrine de Scévola.

C'est Fabre surtout qui a suivi la première voie
(*Conj. jur. civil,* X, 7) : il supprime *non* devant
pertinebit, ce *non* est suivant lui, une erreur du
copiste qui a pris le mot *substitutionem* pour les
deux mots abrégés *substit. non* ; les mots suivants
« *nisi reversus,* etc., » lui paraissent aussi ajoutés
après coup.

L'intention de Fabre est excellente ; mais une

correction qui consiste à supprimer la moitié du texte nous paraît trop audacieuse.

Les auteurs qui préfèrent modifier le texte de Papinien sont plus nombreux : et parmi eux nous avons le regret de compter M. Hase. M. Hase se fonde, pour justifier la nécessité de cette correction, sur la ressemblance de nos deux textes : de part et d'autre la suite des idées est la même, les différents membres de phrase se correspondent d'une manière parfaite : il n'est pas admissible, dit-il, que les décisions soient contraires. Mais après qu'il s'est donné le plus grand mal pour adapter le texte de Papinien à la doctrine de Scévola, il lui reste toujours à montrer pourquoi cette doctrine contredit celle qui résulte des principes : et l'explication qu'il donne sur ce point le dispensait de la nécessité de concilier les deux textes.

Quoi qu'il en soit, voici comment il s'y prend pour arriver à ses fins : il place avant *sufficiet* le *non* qui précède *alias*; puis entre *substituto* et *alias* il intercale un point ; ce qui nous donne le texte suivant : « *Sed si ambo apud hostes et prior pater decedat, non sufficiet lex Cornelia substituto. Alias quam si, apud hostes patre defuncto, postea filius in civitate decessisset.* »

Nous n'avons pas besoin de montrer combien cette correction est forcée ; nous n'insisterons pas sur ce point, car à nos yeux la correction est inutile. La solution de Papinien est conforme aux principes, nous n'avons pas à modifier le texte qu'il nous présente. Si nous devions corriger l'une des deux lois, ce serait plutôt celle de Scévola, mais cette loi ne se prête à aucune modification : le mieux est de renoncer à tout essai de conciliation.

La contradiction du reste s'explique aisément: plus d'une fois déjà nous avons remarqué que la maxime que nous donne Ulpien dans la loi 18 de notre titre n'avait pas été admise du premier coup, elle était due au développement successif de la doctrine. De bonne heure on dut songer à appliquer la fiction de la loi Cornélia à la matière des substitutions pupillaires ; mais on dut hésiter un certain temps avant de suivre cette fiction dans ses conséquences les plus éloignées. L'espèce qui nous occupe devait plus que toute autre éveiller quelques scrupules : lorsque l'un des deux prisonniers venait à décéder *apud hostes*, on pouvait effacer à l'aide de la fiction la *capitis deminutio* qu'il avait subie : mais la *capitis deminutio* encourue par l'autre persistait, et elle suffisait pour faire obstacle à la substitution. Celle-ci ne pouvait produire ses effets qu'au moyen d'une double application de la fiction : on conçoit que les premiers jurisconsultes, et parmi eux Scévola, aient hésité à s'écarter à ce point de la réalité. Plus tard on fut plus hardi : Papinien ne craint pas d'admettre ici la validité de la substitution, et Ulpien formule la règle dans les termes généraux que nous connaissons (D. 1. 18, h. t.).

DROIT FRANÇAIS

DE LA PREUVE DU MARIAGE ET DE LA FILIATION EN L'ABSENCE DE TITRE.

DROIT FRANÇAIS.

DE LA PREUVE DU MARIAGE ET DE LA FILIATION EN L'ABSENCE DE TITRE.

INTRODUCTION.

Nous nous proposons de rechercher comment se prouve en l'absence de titre le mariage et la filiation.

Prouver un fait en justice, c'est convaincre le juge de la vérité de ce fait. Il est rare que l'on puisse mettre directement sous les yeux du juge la chose même qu'il s'agit d'établir : le plus souvent on lui présente un fait qui n'est pas le fait allégué, mais dont l'existence implique plus ou moins nécessairement l'existence de ce dernier.

Le juge conclut du fait connu qui est produit devant lui un fait inconnu que l'on recherche : cette induction constitue précisément la preuve.

La preuve se caractérise d'ordinaire par la nature du fait connu qui sert de point de départ. Lorsque ce fait consiste dans la déclaration orale ou écrite du fait inconnu, la preuve prend le nom d'aveu ou de témoignage : c'est un aveu, si la déclaration émane de la personne même à qui on l'oppose; c'est un témoignage, si elle émane d'un tiers. Lorsque le fait connu est autre chose que la déclaration orale ou écrite du fait inconnu, la preuve ne reçoit aucune dénomination spéciale, elle se range dans la classe des présomptions. Les présomptions ne sont ainsi qu'une espèce particulière de preuves : on voit combien le Code a eu tort de leur appliquer la définition que nous-même avons donnée de la preuve en général (art 1349).

Quand il s'agit d'établir un fait susceptible de produire des conséquences juridiques, la loi ne permet pas de mettre en usage tous les moyens de conviction propres à agir sur l'esprit du juge : inspirée par différents motifs, dont le principal est de diminuer le nombre des procès; elle limite avec soin les modes de preuve dont elle autorise l'emploi : tel est l'objet de la théorie générale de la preuve (art. 1315-1369).

Cette théorie constitue le droit commun en matière civile : dans certains cas la loi ne craint pas de s'en écarter, c'est ce qu'elle fait notamment pour le mariage et pour la filiation dont elle soumet la preuve à des règles particulières (art. 194-200, 312-330, 334-342).

Il est vrai que la plupart de ces règles ne font que reproduire le droit commun : quelques-unes cependant y dérogent, et ces dérogations d'ordinaire sont conçues dans un esprit restrictif.

On comprendra aisément la pensée qui a guidé le législateur, si l'on considère l'importance et la nature des faits qu'il s'agit de prouver. Les questions d'état, auxquelles se rattachent d'ordinaire les intérêts matériels les plus considérables, présentent par elles-mêmes un intérêt moral, que la loi met au-dessus des considérations pécuniaires les plus graves. D'ailleurs les recherches de ce genre ont toujours quelque chose de menaçant pour le repos et la tranquillité des familles : il importe qu'elles ne puissent être entreprises à la légère ou dans un but de spéculation. Ajoutons enfin que les faits dont il faut fournir la preuve sont parfois particulièrement obscurs et difficiles à découvrir.

Au surplus examinons l'un après l'autre les différents modes de preuve que nous présente la loi, et nous comprendrons plus facilement l'exactitude de ces notions générales.

L'art. 1316 énumère cinq modes de preuve : la la preuve littérale, la preuve testimoniale, l'aveu, le serment, et les présomptions : logiquement ces cinq modes de preuve se réduisent à trois. Le

serment en effet n'est pas une preuve véritable :
le serment décisoire est plutôt une transaction,
et le serment supplétoire un supplément de
preuve. La preuve littérale d'un autre côté se
ramène soit au témoignage, soit à l'aveu, suivant
qu'il s'agit d'un titre authentique ou d'un acte
sous seing privé : la force de l'acte authentique
résulte de la déclaration de l'officier public,
c'est-à-dire d'un tiers revêtu d'un caractère officiel ; l'acte sous seing privé constitue vis-à-vis
de la partie qui l'a signé et à qui on l'oppose
un aveu écrit.

Ainsi nous n'avons que trois modes de preuve
à considérer : l'aveu, le témoignage et les présomptions.

L'aveu passe en général pour la meilleure des
preuves, *probatio probatissima* : et cependant en
matière d'état ce mode de preuve est écarté.

L'aveu en effet est la première de toutes les
preuves lorsque la partie qui avoue est seule
intéressée dans le débat et souffre seule de son
aveu : mais en matière d'état la partie qui
avoue n'est jamais seule en cause ; la société est
engagée dans la contestation, et les aveux des
particuliers ne lui sont pas opposables. Le mariage et la filiation sont les éléments de la famille, et la famille elle-même est la base de
l'ordre social : on conçoit que l'organisation de
la famille intéresse au plus haut point la société,
qui ne peut assister avec indifférence aux débats
qui la concernent, ni laisser aux parties la li-

berté de régler suivant leurs propres volontés les questions qui s'y rapportent. Faire de l'aveu un mode de preuve du mariage, ce serait autoriser le concubinat à prendre la place du mariage ; en faire un mode de preuve de la filiation, ce serait permettre aux particuliers d'éluder les règles prescrites pour l'adoption.

On conçoit donc que l'aveu ne prouve ni le mariage ni la filiation : ce principe toutefois souffre quelques exceptions.

L'acte de célébration est signé des époux et constitue un aveu : et cependant il prouve le mariage. Mais observons que la force probante de cet acte résulte beaucoup moins de l'aveu des époux que de la déclaration de l'officier public qui n'est autre chose qu'un témoignage. La signature des époux ne paraît même exigée que pour confirmer la véracité de l'officier public.

La possession d'état qui prouve la filiation légitime est de la part des père et mère un aveu tacite : l'exception cette fois est réelle, mais l'aveu dont il s'agit n'est pas un aveu ordinaire, c'est un aveu continu et permanent qui suppose chez les parties une volonté réfléchie et persistante : on comprend que la loi ait attribué à cette forme de l'aveu une valeur particulière.

Enfin l'acte de reconnaissance est pour la filiation naturelle le mode de preuve régulier, et cet acte présente au plus haut degré le caractère d'un aveu : cette fois encore l'exception est réelle, mais c'est une exception qui confirme la règle. En effet si l'aveu en général ne prouve point les questions d'état, c'est que la société est intéressée à réprimer les fraudes qui pourraient porter atteinte à l'organisation de la famille légitime : mais elle n'a plus les mêmes raisons pour protéger la *famille naturelle,* qui s'est formée en dehors de ses prescriptions. Le débat demeure entre les particuliers, et l'aveu reprend à leur égard la valeur qui lui est propre.

Ajoutons que si l'aveu d'ordinaire ne prouve pas les questions d'état, il n'est pas dénué cependant de toute force probante : la loi en fait souvent un commencement de preuve propre à déterminer l'admission de la preuve testimoniale.

Des trois modes de preuve que nous avons indiqués, le premier, l'aveu, ne s'applique point à notre matière : nous en avons encore deux à considérer, le témoignage et les présomptions.

Le témoignage se divise en témoignage écrit et témoignage oral : le témoignage écrit qui constitue le titre authentique est pour les questions d'état le mode de preuve par excellence. La loi en toute matière a grande confiance dans l'écrit qui est dressé au moment où s'accomplit le fait qu'il a pour objet de constater ou dans un délai très-limité : cette confiance est ici d'autant mieux fondée que la déclaration émane d'un officier public dont le caractère ne saurait être suspect, ou tout au moins, sous le contrôle de cet officier, de personnes que les circonstances déterminent, et qui n'auront pas eu le temps de concerter une fraude. De là résulte la force probante considérable que la loi attache à l'acte de célébration du mariage et à l'acte de naissance de l'enfant légitime : nous avons vu qu'à l'égard de l'acte de reconnaissance, qui sert de titre pour la filiation naturelle, elle avait dû s'inspirer d'idées toutes différentes.

Lorsque le titre régulier est représenté, le mariage et la filiation s'établissent aisément; mais supposons que le titre fasse défaut : comment se fera la preuve de ces deux états? Cette question est précisément celle que nous nous sommes posée au commencement de cette étude, c'est celle qui doit faire l'objet particulier de nos recherches.

Nous avons écarté l'aveu et le titre : voyons ce qui concerne le témoignage proprement dit et les présomptions. Les présomptions se divisent en présomptions judiciaires et en présomptions légales : les premières sont celles que la loi abandonne aux lumières et à la prudence du magistrat, les secondes sont celles que la loi prend soin de déterminer. L'admission des présomptions judiciaires est subordonnée à l'admission de la preuve testimoniale : et l'examen de l'un de ces deux modes de preuve se confond avec l'examen de l'autre. Nous n'avons donc en définitive que deux espèces de preuves à considérer, le témoignage proprement dit et les présomptions légales.

Nous sommes ainsi conduits à diviser notre sujet

en deux parties : nous nous demanderons dans la première quel rôle joue en matière de mariage et de filiation la preuve testimoniale, et dans la seconde quel rôle jouent dans les mêmes matières les présomptions légales ; nous terminerons par quelques observations relatives à la nature et aux effets des actions en réclamation et en contestation d'état.

PREMIÈRE PARTIE.

DE LA PREUVE PAR TÉMOINS DU MARIAGE ET DE LA FILIATION.

Examinons successivement ce qui concerne la preuve testimoniale du mariage et la preuve testimoniale de la filiation.

CHAPITRE PREMIER

DE LA PREUVE PAR TÉMOINS DU MARIAGE.

Commençons par rappeler brièvement les principes généraux qui d'ordinaire régissent l'emploi de la preuve testimoniale : nous rechercherons ensuite dans quelle limite ces principes reçoivent leur application en matière de mariage.

Le droit commun sur ce point se résume dans les deux propositions suivantes.

1° La preuve testimoniale n'est pas admise lorsque la valeur du litige dépasse cent cinquante francs (art. 1341).

2° Ce mode de preuve est admis par exception, alors même que la valeur du litige dépasse cent cinquante francs, dans trois cas : 1° lorsque l'écrit qui servait de preuve a été détruit par cas fortuit ou force majeure (art. 1348, 4°) ; 2° lorsqu'il a été impossible aux parties de se procurer une preuve écrite de leur droit (art. 1348, 1°) ; 3° lorsqu'elles produisent un commencement de preuve par écrit (art. 1347).

Voyons jusqu'à quel point ces dispositions concordent avec celles que nous rencontrons dans les art. 194 et suivants.

L'art 194 applique le principe posé dans l'art. 1341 : le mariage ne se prouve pas par témoins. On ne pouvait tenir compte ici de la valeur pécuniaire du litige : la preuve du mariage présente un intérêt moral qui passe avant les intérêts pécuniaires les plus considérables.

L'art. 194 ne se contente point d'exiger une preuve écrite : il demande un écrit d'une nature particulière, le mariage se prouve au moyen de *l'acte de célébration inscrit sur le registre de l'état civil.*

Le Code reproduit en matière de mariage la règle générale de l'art. 1341 ; en est-il de même des trois exceptions apportées à cette règle par les art. 1348 (4° et 1°) et 1347 ?

Occupons-nous d'abord de la première (art.

1348, 4°) : l'acte de célébration a existé, mais il a été détruit ou perdu par cas fortuit ou force majeure, les parties seront-elles admises à faire par témoins la preuve de leur mariage ? L'art. 46, auquel renvoie l'art. 194 (*in fine*) s'explique nettement sur ce point.

Art. 46. « *Lorsqu'il n'aura pas existé de registres ou qu'ils seront perdus, la preuve en sera reçue tant par titres que par témoins ; et dans ce cas les mariages, naissances et décès pourront être prouvés tant par les registres émanés des père et mère décédés que par témoins.* »

Cet article prévoit deux cas, l'inexistence et la perte des registres : c'est le second qui nous intéresse en ce moment. La perte ou destruction des registres constitue en effet la perte ou destruction de la preuve écrite par cas fortuit ou force majeure ; et l'article 46 dans cette hypothèse applique purement et simplement la règle posée dans l'art. 1348, 4°. Les parties ont fait ce qu'elles ont pu pour se procurer la preuve écrite de leur état ; cette preuve disparaît sans qu'on ait rien à leur reprocher, le Code leur permet d'y suppléer par tous les moyens qui sont en leur pouvoir.

Grâce aux précautions prises par la loi (art. 45) la perte ou destruction des registres est un fait qui se produit difficilement. On en cite un cas à Soissons, lors de la première invasion ; la Commune de Paris en 1871 s'est chargée de nous en fournir un exemple plus célèbre. Il n'y a pas lieu d'ailleurs de distinguer entre la perte totale et la perte partielle : la suppression de quelques feuillets est un cas de destruction partielle qui rentre dans l'hypothèse prévue par notre article. Ces différents points ont été réglés par la loi du 13 janvier 1817; cette loi, il est vrai, se réfère spécialement à l'état civil des militaires, mais comme elle n'est autre chose que l'application détaillée de l'art. 46, nous sommes autorisés à lui attribuer une portée générale.

A quelles conditions se trouve subordonnée l'admission de la preuve testimoniale qui résulte de l'art. 46? Il est curieux de comparer sous ce rapport le texte de l'art. 46 avec le texte de l'article 1348,4°. Ce dernier déclare simplement que la règle de l'art. 1341 recevra exception, lorsque le créancier aura perdu son titre par cas fortuit ou force majeure. L'art. 46 est plus précis : il indique la nécessité de deux preuves successives, la preuve de la perte ou destruction des registres, et la preuve de la célébration du mariage : la seconde n'est reçue qu'autant que la première a été fournie.

Le demandeur qui doit établir en premier lieu la perte ou destruction des registres fera cette preuve *tant par titres que par témoins :* il n'est pas nécessaire qu'il cumule ces deux modes de preuve. L'état matériel des registres pourra donner aux juges l'occasion de vérifier le fait allégué *e propriis sensibus.* Le plus souvent la preuve résultera d'une déclaration de l'officier de l'état civil ou du greffier du tribunal, ou d'un procès-verbal constatant la disparition ou destruction des registres.

Cette disparition ou destruction est établie : le demandeur est admis à prouver directement *tant par les registres et papiers émanés des père et mère décédés que par témoins* la célébration du mariage. Les mots « *registres et papiers émanés des père et mère décédés* » n'ont rien de limitatif : il ne faudrait pas en tirer un argument *a contrario* et écarter comme moyen de preuve les écrits émanés des père et mère vivants ou de toute autre personne. Quand un fait peut être prouvé par témoins, il peut l'être par de simples présomptions (art. 1353) : le juge pourra donc tirer ici de toute espèce d'écrits les indications qui lui sont nécessaires. Si la loi parle expressément des registres et papiers émanés des père et mère décédés, c'est que ces écrits présenteront d'ordinaire une importance considérable en raison de la source d'où ils émanent, en raison aussi du décès de leur auteur : on ne craint point qu'ils aient été fabriqués pour les besoins de la cause. Parmi les autres titres propres à éclairer la conscience des magistrats, citons surtout les registres tenus dans les églises : ce sont ces registres qui ont aidé pour la plus grande part à la reconstruction des actes de l'état civil détruits par la Commune de Paris.

Le mariage se prouve par témoins lorsque le titre a été détruit ou a disparu : supposons maintenant que les parties n'aient pas été à même de faire dresser le titre : appliquerons-nous ici la disposition exceptionnelle de l'art. 1348, 1°?

Le fait a pu se produire de deux manières : ou bien il y a eu pour les parties contractantes impossibilité absolue de faire dresser l'acte de célébration, ou bien le demandeur est un tiers ou un enfant issu du mariage, qui, n'étant point partie lors de la célébration, n'a pu veiller à la rédaction de l'acte.

Examinons le premier cas : l'impossibilité absolue dont il s'agit a pu se présenter dans trois hypothèses distinctes :

1° Le mariage a été célébré, les conjoints ont donné leur consentement et l'officier public a prononcé l'union : mais, avant la rédaction de l'acte, l'un des conjoints ou l'officier de l'état civil décède subitement ; ou bien l'un des conjoints refuse de signer. Le mariage est parfait, la preuve écrite fait défaut : la preuve testimoniale sera reçue.

Sur ce point la doctrine et la jurisprudence sont d'accord (Montpellier, 4 février, 1840) ; cette application de l'art. 1348, 1° n'est pas expressément écrite dans la loi, mais on convient que la forme en pareil cas ne doit pas l'emporter sur le fond. Nous avons cependant un arrêt de la Cour de Riom, qui, dans l'hypothèse inverse, s'est inspirée du principe contraire : l'acte écrit était régulier et signé des parties, mais il était constant que les parties n'avaient point échangé leur consentement en présence de l'officier pulic : la

Cour de Riom déclara le mariage valable. Cet arrêt fut cassé le 22 avril 1833.

2° Lorsque le mariage a été célébré, les registres n'étaient point tenus : ce cas est prévu par l'art. 46 qui autorise l'emploi de la preuve testimoniale, c'est une seconde application de l'article 1348, 1°.

L'inexistence absolue des registres se produira rarement : on peut imaginer une épidémie violente, une invasion, des troubles politiques qui auront mis obstacle à la tenue des registres. Le même fait peut résulter de la négligence de l'officier de l'état civil : on ne peut reprocher aux parties de s'être conformées à la pratique de l'officier public de leur commune, il y avait pour elles impossibilité morale de faire dresser l'acte de célébration.

Les registres dont la tenue a été interrompue doivent être considérés comme inexistants : car pour le temps auquel se rapporte l'interruption, il est vrai de dire qu'ils n'ont pas été tenus.

On assimile également aux registres inexistants ceux qui sont tenus très-irrégulièrement, sans ordre et avec des lacunes : ce qui est fait en violation des prescriptions de la loi n'existe pas pour elle.

Mais supposons des registres régulièrement tenus : les parties prétendent que l'acte qui les concernait a été omis, que par suite il y a lacune dans la tenue et qu'elles ont droit au bénéfice de l'art. 46. Leur demande sera écartée :

l'omission d'un seul acte ne constitue point une interruption dans la tenue ; l'inscription de l'acte ne présentait aucune difficulté sérieuse, c'était aux parties à y veiller. Une telle allégation serait trop commode et à la portée de tous les réclamants : l'exception introduite par l'art. 46 prendrait la place du droit commun.

Nous avons montré déjà à quelles conditions se trouvait subordonnée l'application de l'art. 46, nous n'avons pas à y revenir.

3° L'art. 170 reconnaît la validité des mariages contractés à l'étranger suivant les formes usitées dans le pays de la célébration : ces mariages s'établiront en France par les modes de preuve usités dans le même pays. C'est la conséquence de la règle : *locus regit actum*, et cette règle elle-même est une application du principe posé par l'art. 1348, 1°. C'est ainsi que l'on a reçu la preuve par témoins des mariages contractés durant l'expédition d'Egypte par des généraux et officiers français avec des femmes égyptiennes. C'est ainsi également que la Cour de Bordeaux a validé un mariage contracté *nudo consensu* à New-York, sur la présentation d'un certificat d'un notaire de cette ville, affirmant que dans l'État de New-York la célébration du mariage n'est soumise à aucune solennité particulière. On oppose un arrêt (rej. 20 déc. 1841) qui a refusé de reconnaître l'existence d'un mariage contracté en Pensylvanie, bien que l'on invoquât la possession d'état qui dans ce pays fait preuve du mariage : mais on avait établi dans l'espèce une possession d'état incomplète.

Il nous faut examiner maintenant la seconde partie de notre question : ce ne sont plus les époux qui demandent à prouver le mariage, ce sont les tiers ou les enfants issus du mariage. Ils n'étaient point parties lors de la célébration, ils ne sont pas en faute, si l'acte n'a pas été dressé : pourront-ils, en vertu de la règle de l'art 1348, 1° prétendre au bénéfice de la preuve testimoniale?

On convient généralement que les tiers n'ont d'autre moyen d'établir le mariage que la présentation de l'acte de célébration. On a voulu argumenter en sens contraire des premiers mots de l'art. 194 : « Nul ne peut réclamer le titre d'époux » : ces mots en effet ne sauraient s'appliquer aux tiers, et l'on a voulu en conclure que la règle de l'art. 194 ne leur était pas opposable. Mais l'art. 194 ne parle pas seulement du titre d'époux, il parle aussi des effets civils du mariage, et ces derniers mots se rapportent aux tiers aussi bien qu'aux époux.

Observons d'ailleurs que les tiers qui ont traité avec les époux ont dû s'assurer de l'existence de l'acte de célébration ; si cet acte leur fait défaut, ils ne peuvent s'en prendre qu'à eux-mêmes.

Il n'en est pas de même des enfants issus du mariage : on ne peut dire qu'ils soient en faute, s'ils ne peuvent représenter l'acte de célébration. Aussi certains auteurs ont-ils pensé qu'il fallait leur reconnaître le droit d'établir par tous les

moyens possibles le mariage de leurs père et
mère. Le principe de l'art. 1448, 1°, dit-on, est
éminemment juste et équitable : nous n'avons pas
le droit de nous soustraire à l'application de ce
principe, si la loi ne nous fournit à cet effet une
disposition expresse, et ici cette disposition fait
défaut.

La doctrine contraire est plus généralement
suivie. L'art. 197 jette un certain jour sur la
question : cet article autorise les enfants dans un
cas spécial et sous certaines conditions à prouver
le mariage de leurs père et mère au moyen de la
possession d'état : si de droit commun les enfants
pouvaient user ici de la preuve testimoniale,
pourquoi la loi prendrait-elle soin d'introduire
en leur faveur l'emploi de la preuve par la possession d'état dans les circonstances particulières
que détermine l'art. 197 ?

D'ailleurs, lorsque le Code dans l'art. 194 pose
la règle générale de la matière, la règle qui do
mine toute la théorie de la preuve du mariage,
il ne distingue pas suivant la qualité des personnes qui demandent à établir le mariage : qu'il
s'agisse des époux, des tiers ou des enfants, le
principe demeure le même. Les articles suivants
ne font que confirmer le principe ; ou, s'ils y dérogent dans certains cas, ils indiquent expressément la dérogation (art. 197 et 198).

Il nous reste à voir si la troisième et dernière
exception que comporte la disposition générale
de l'art. 1341 trouve son application en matière

de mariage : le demandeur qui produit un commencement de preuve par écrit est-il admis à
prouver le mariage par témoins ?

L'affirmative a été soutenue : la règle de l article 194, dit-on, est un cas particulier de la règle
de l'art. 1341 : la rigueur de la première doit être
corrigée, comme la rigueur de la seconde, par le
tempérament de l'art. 1347 : la production d'un
commencement de preuve par écrit suffit pour
rendre admissible la preuve testimoniale. Ce système, qui a pour lui certaines décisions de la jurisprudence (arrêt de rejet, Cass., 21 déc. 1849),
paraît d'autant plus raisonnable que la loi prend
soin de l'appliquer expressément en matière de
filiation.

Il ne concorde guère cependant avec les termes
absolus de l'art. 194. Observons aussi que l'article 194 ne reproduit pas purement et simplement
la disposition de l'art. 1341 ; l'écrit dont il exige
la représentation n'est pas un écrit quelconque,
mais un écrit authentique. L'acte sous seing
privé ne prouve pas le mariage, parce qu'il constitue un aveu écrit, et l'aveu ne prouve pas l'état
des personnes. Par la même raison le commencement de preuve par écrit, qui n'est qu'un aveu
imparfait, ne saurait servir à autoriser l'admission de la preuve testimoniale : à quoi bon compléter cet aveu au moyen d'une enquête lorsque
l'aveu complet est lui même impuissant à établir
le mariage?

On peut faire remarquer dans le même sens

que si les rédacteurs du Code avaient admis la doctrine que nous combattons, ils n'auraient pas manqué de définir ici le caractère des écrits propres à servir de commencement de preuve, comme ils l'ont fait à propos de la filiation.

Résumons ce qui précède : la règle générale de l'art. 1341 se trouve reproduite à l'égard du mariage par l'art. 194 ; des trois exceptions que comporte cette règle (art. 1348, 4° et 1°, art. 1347), la première en matière de mariage est admise dans tous les cas (art. 46); la seconde ne l'est, qu'autant qu'il y a eu impossibilité absolue de faire dresser l'acte de célébration (art 46, règle : *locus regit actum*); la troisième ne l'est jamais.

CHAPITRE II.

DE LA PREUVE PAR TÉMOINS DE LA FILIATION.

Servons-nous à l'égard de la filiation du procédé que nous venons d'employer à l'égard du mariage : appliquons à la preuve de la filiation les principes généraux qui régissent l'emploi de la preuve testimoniale.

Le défaut de titre ne peut être imputé à l'enfant

qui recherche sa filiation : au moment où il a été conçu, au moment où il est né, il n'était pas à même de veiller à la rédaction de l'acte qui devait lui servir de preuve écrite : ne sommes-nous pas dans l'hypothèse prévue par l'art. 1348, 1° ? Ne faut-il pas dire, conformément à la disposition que nous présente cet article, que l'enfant pourra établir sa filiation par tous les moyens qui seront en son pouvoir ?

On peut contester ici l'application de l'article 1348, 1° : mais tout en suivant une autre voie, on arrive au même résultat. L'art. 1348 en effet introduit une dérogation au principe de l'art. 1341, la portée de l'exception doit se déterminer par la portée de la règle. Or l'art. 1341 paraît s'appliquer uniquement aux choses qui sont le fait de l'homme, qui supposent de sa part un acte de volonté : il ne s'applique pas aux faits de l'ordre naturel, aux faits qui se produisent indépendamment de la volonté humaine. Le Code ne limite pas la preuve de ces derniers faits, ils pourront donc s'établir par tous les moyens possibles. La naissance est un fait de cette nature, et nous sommes ainsi amenés à déclarer, comme précédemment, que de droit commun la filiation devrait se prouver par tous les moyens qui sont à la disposition du réclamant.

Mais si tel est le résultat auquel nous conduit l'application des principes, il faut reconnaître que sur ce point le Code nous présente une théorie toute différente. Tantôt il proscrit la preuve testimoniale de la filiation, tantôt il en subordonne l'emploi à certaines conditions; dans un cas seulement il admet *de plano* ce mode de preuve. Examinons de près cette théorie, et essayons de nous rendre compte des motifs sur lesquels elle repose.

Les dispositions de la loi à cet égard varient suivant qu'il s'agit de filiation légitime ou de filiation naturelle : occupons-nous d'abord de la filiation légitime

§ 1er. *De la preuve par témoins de la filiation légitime.*

Celui qui réclame une filiation légitime a trois points à établir : il doit prouver 1° qu'il est l'enfant de Titius, 2° qu'il est l'enfant de Titia, 3° que Titius et Titia étaient mariés ensemble au moment où il a été conçu.

Le mariage de Titius et de Titia est le fait qu'il faut établir en premier lieu : comme la filiation légitime se prouve plus aisément que la filiation naturelle, le demandeur n'est admis à user des modes de preuve autorisés par la loi en matière de filiation légitime qu'autant qu'il a prouvé, au préalable, que les père et mère dont il se prétend issu étaient mariés entre eux au moment de la conception.

Le mariage de Titius et de Titia est établi : comment le réclamant prouvera-t-il qu'il est l'enfant de Titius et de Titia ?

Nous venons de voir que, de droit commun, il devrait toujours être admis au bénéfice de la preuve testimoniale : la loi rejette ce mode de preuve quand il s'agit de paternité, elle l'autorise sous certaines conditions quand il s'agit de maternité.

La preuve de la paternité comprend deux points distincts : le réclamant doit prouver 1° qu'un enfant a été conçu des œuvres de Titius. 2° qu'il est lui-même l'enfant conçu des œuvres de Titius. La constatation directe du premier fait est impossible, la preuve par témoins de la conception ne se comprend pas : la conception ne peut s'établir qu'au moyen de certaines présomptions que la loi prend soin de déterminer (art. 312).

L'identité au contraire est un fait qui se prouve aisément par témoins : mais dans l'hypothèse où nous nous plaçons, l'enquête sera inutile ; les présomptions légales d'où résulte la paternité légitime supposent déjà faite la preuve de la maternité légitime, et par suite la preuve de l'identité.

La preuve de la maternité en effet comprend également deux points : le réclamant doit prouver 1° que Titia est accouchée d'un enfant, 2° qu'il est lui-même l'enfant dont Titia est accouchée : cette double preuve peut-elle se faire par témoins ? L'art. 323 répond à cette question.

Art. 323 : « *A défaut de titre et de possession constante, ou si l'enfant a été inscrit, soit sous de faux noms, soit comme né de père et mère inconnus la preuve de la filiation peut se faire par témoins.* »

« *Néanmoins cette preuve ne peut être admise
que lorsqu'il y a commencement de preuve par écrit
ou lorsque les présomptions ou indices résultant de
faits dès lors constants sont assez graves pour déterminer l'admission.* »

Ainsi la loi autorise l'emploi de la preuve testimoniale, mais elle ne l'autorise pas *de plano*;
elle déroge ainsi au droit commun : d'où provient
cette rigueur?

On dit communément que la loi a voulu protéger le repos des familles et prévenir le scandale.
Il serait dangereux pour la société qu'un étranger
pût facilement usurper une filiation qui ne lui
appartient pas; il faut mettre obstacle à des entreprises immorales que provoquerait trop souvent l'appât d'un gain considérable.

Il est certain que ces considérations ont influé
sur la décision des rédacteurs du Code; le souvenir
des abus qui s'étaient produits au siècle dernier
était présent à tous les esprits. Nous croyons cependant que la règle de l'art. 323 se fonde plus
particulièrement encore sur le motif qui suit.

L'accouchement est en lui-même un fait qui
s'établit aisément, la grossesse même qui le précède se révèle par des signes extérieurs. Mais
observons que l'accouchement qui a lieu dans
les circonstances normales est constaté la plupart
du temps par un titre régulier, la preuve testimoniale est inutile. L'emploi de ce mode de preuve
suppose d'ordinaire que l'acte de naissance fait
défaut, et c'est précisément l'absence de l'acte de

naissance qui éveille les soupçons de la loi. En effet, si cet acte n'a pas été dressé, il est probable que l'accouchement s'est produit clandestinement, on a pris pour le dissimuler les précautions les plus minutieuses. La recherche de ce fait devient dès lors difficile et délicate : et si l'on considère en même temps qu'elle est de nature à jeter le trouble dans les familles, on comprendra facilement que la loi ait cru devoir exiger certaines garanties spéciales avant d'autoriser ici l'emploi de la preuve testimoniale.

Cette considération nous permet de restreindre sur un point l'application de l'art. 323.

L'acte de naissance a été dressé, mais cet acte a été détruit ou perdu par cas fortuit ou force majeure : on demande à faire par témoins la preuve de la filiation. Devons-nous appliquer l'article 323, et exiger du demandeur un commencement de preuve par écrit ? Ne faut-il pas dire au contraire que, conformément au principe posé dans l'article 1348, 4°, et par application de l'article 46, le demandeur qui a établi au préalable la perte des registres sera reçu à prouver la filiation par toute espèce de moyens ?

Certains auteurs ont contesté ici l'application de l'article 46 : ils ont fait remarquer que la naissance et la filiation sont deux faits voisins l'un de l'autre, mais qui cependant demeurent distincts ; or, l'article 46 parle de la preuve de la naissance, mais il ne s'occupe pas de la preuve de la filiation, qui demeure régie exclusivement par l'article 323.

Cette doctrine nous paraît peu logique, car, du moment que l'inexistence ou la perte des registres explique l'absence de l'acte de naissance, la loi n'a plus la même raison pour se montrer défiante. L'argument tiré du texte de l'article 46 n'est pas concluant : la preuve de la naissance se confond aisément avec la preuve de l'accouchement, et l'accouchement est l'élément principal de la filiation. D'ailleurs, quel est le but de l'article 46? Le défaut de titre n'est pas imputable aux parties : la loi ne veut pas qu'elles en souffrent, elle s'efforce de les placer, au moyen de la preuve testimoniale, dans la position où elles seraient, si elles se présentaient l'acte de naissance en main. Mais l'acte de naissance prouverait certainement la filiation, la preuve testimoniale admise *de plano* dans les cas prévus par l'article 46 doit la prouver également.

Concluons de là que lorsque la perte ou l'inexistence des registres aura été établie, la filiation pourra se prouver *de plano* par une enquête, conformément à l'article 46 ; écartons maintenant cette hypothèse et revenons à l'examen de l'article 323.

Dans quels cas l'article 323 autorise-t-il l'emploi de la preuve testimoniale ? A quelles conditions se trouve subordonnée l'admission de ce mode de preuve? Quels en sont les effets?

Les cas prévus par l'article 323 se ramènent à trois :

1° L'enfant n'a ni titre, ni possession d'état.

2° Il a un titre, mais il réclame contre ce titre, soit qu'il prétende avoir été inscrit sous de faux noms, soit que le titre le présente comme né de père et mère inconnus. Proudhon et Zachariæ ont enseigné que l'enfant qui recherchait une filiation contraire à celle que le titre lui attribuait, devait tout d'abord faire tomber par la voie de l'inscription de faux la force probante de ce titre. Cette opinion est abandonnée, car l'inscription de faux est inutile, quand il s'agit de combattre les allégations des simples déclarants.

3° L'enfant, à défaut de titre, a une possession d'état d'enfant légitime, il réclame contre cette possession.

Ainsi, d'une part, en l'absence de titre et de possession d'état, la preuve testimoniale devient le mode de preuve régulier de la filiation ; d'autre part, ce mode de preuve peut être opposé soit à la preuve par titre, soit à la preuve par la possession d'état. Il n'est écarté qu'autant qu'il y a à la fois titre et possession d'état conforme : la filiation légitime en pareil cas est irrévocablement fixée (art. 322).

La preuve testimoniale n'est pas admise *de plano* : le demandeur doit présenter un commencement de preuve par écrit ou des présomptions ou indices graves résultant de faits dès lors constants. Nous avons montré précédemment que cette disposition restrictive constituait une dérogation au droit commun, et nous avons justifié cette dé rogation. Observons ici que la règle de l'art. 323 se trouvait déjà consacrée dans l'ancien droit : nous voyons en 1657 un arrêt du Parlement de Paris condamner à une sorte d'amende honorable le demandeur qui recherchait une filiation sans appuyer ses allégations d'un commencement de preuve préalable. Toutefois si dès le dix-septième siècle on était d'accord pour exclure en matière de filiation légitime l'admission *de plano* de la preuve testimoniale, on hésita longtemps sur la nature du commencement de preuve qu'il convenait d'exiger. Quelques-uns demandaient un commencement de preuve par écrit, comme en matière pécuniaire : cette idée se retrouvait dans le projet primitif de l'art. 323. C'était se montrer bien rigoureux : en principe l'enfant devrait user librement de la preuve testimoniale ; si l'on restreint son droit, au moins faut-il le faire avec mesure.

De bonne heure on tendit à accepter un système mixte tenant le milieu entre le droit commun et les règles de l'ordonnance de Moulins en matière pécunaire : ce système, défendu avec succès par d'Aguesseau (second plaidoyer, 1691), est celui que le Code a reproduit. Il s'écarte du système établi par l'art. 1347 sous deux rapports.

1° Il n'est pas nécessaire que l'écrit public ou privé, qui sert de commencement de preuve, émane de l'adversaire, il suffit, aux termes de l'art. 324, qu'il émane d'une personne décédée, qui, si elle était vivante, aurait intérêt à se porter partie adverse.

Ainsi le demandeur qui agit contre ses prétendus père et mère produit un écrit émané d'un enfant prédécédé issu de leur mariage ; la loi a confiance dans cet écrit : celui qui l'a fait avait intérêt à ne pas le faire ; de plus, comme il est mort, il n'est pas probable que l'écrit ait été fabriqué pour les besoins de la cause.

La forme de l'acte importe peu : registres ou papiers domestiques, actes publics ou actes privés, la loi admet les écrits de toute nature. Les lettres missives rentrent dans les actes privés : c'est à tort qu'on a voulu les écarter. Lorsque l'art. 1347 s'exprime en ces termes : « *tout acte par écrit,* » on convient que le mot *acte* comprend les lettres missives : pourquoi donner au même mot un sens plus étroit dans un article qui, sous tous les autres rapports, se montre plus facile et plus large que l'art. 1347 ? C'est précisément à l'égard des relations de famille que la correspondance fournit les renseignements les plus précieux.

2° La loi n'exige pas rigoureusement un commencement de preuve par écrit : elle se contente de présomptions ou indices graves résultant de faits dès lors constants. De droit commun, les simples présomptions ne suffisent point pour déterminer l'admission de la preuve testimoniale ; la loi déroge ici à la règle ordinaire en vue des familles peu lettrées chez qui les écrits se rencontrent difficilement.

Quelles peuvent être ces présomptions ? Ce seront toutes les circonstances propres à rendre vraisemblable la filiation réclamée ; par exemple, des signes corporels, une ressemblance physique extraordinaire, la représentation des vêtements décrits dans le procès-verbal qui sert de titre à l'enfant trouvé (art. 58), etc, etc.

Ces faits doivent être constants : l'aveu de l'adversaire n'est point indispensable, car on peut toujours nier l'évidence. Mais il faut que la conviction du juge se forme sans le secours d'une enquête. Le jugement qui ordonnerait une enquête préalable destinée à établir l'existence des présomptions, serait rendu en violation du texte de l'art. 323, et devrait être cassé.

Devons-nous ranger parmi les écrits ou les indices propres à servir de commencement de preuve l'acte de naissance inscrit sur une feuille volante ?

Cet acte, qui ne constitue pas un titre régulier, ne constitue pas davantage un commencement de preuve par écrit : comme acte public dressé pour les père et mère, il est nul, car l'officier de l'état civil n'avait pas qualité pour le dresser en cette forme ; comme acte privé, il est sans valeur, car il émane de l'officier public, il n'émane pas d'une personne engagée dans la contestation ou qui y aurait intérêt, si elle était encore vivante. Ne pouvons-nous y voir au moins une présomption ou indice grave suffisant pour déterminer l'admission de la preuve testimoniale ? Nous ne le croyons pas : l'écrit qui, aux termes de l'art. 324, ne peut servir de commencement de preuve par écrit ne saurait constituer l'une des présomptions dont s'occupe l'art. 323.

La preuve testimoniale est déclarée admissible : le réclamant doit établir au moyen d'une enquête 1° l'accouchement, 2° l'identité ; le défendeur combat sa prétention par tous les moyens qui sont en son pouvoir, l'art. 325 lui reconnaît expressément ce droit.

L'instance se termine par un jugement. Supposons que ce jugement donne gain de cause au réclamant : quels en seront les effets?

Conformément au principe posé dans l'art. 1351, la maternité se trouve établie à l'égard de toutes les personnes qui ont figuré au procès.

Mais la question pour l'enfant ne se réduit pas à une question de maternité. La filiation qu'il recherche est une filiation légitime, car il a dû prouver tout d'abord que la femme dont il se disait issu était mariée lors de la conception : or la filiation légitime implique tout à la fois l'idée de maternité et l'idée de paternité. Le jugement établit expressément la maternité : n'a-t-il pas pour effet d'établir indirectement la paternité ? Voyons avec soin quelle position fait au mari le jugement qui reconnaît le réclamant pour l'enfant de sa femme.

Nous supposons, bien entendu, que le mari a été partie dans l'instance, autrement le jugement serait non avenu à son égard. Le réclamant a eu soin de le mettre en cause dès l'origine avec la femme ; ou bien, après avoir triomphé vis-à-vis de la femme, il a engagé une seconde action vis-à-vis du mari, à l'effet de faire déclarer contre lui la maternité. Dans l'un et l'autre cas, la maternité est prouvée contre le mari, le réclamant est pour lui l'enfant de sa femme. Nous nous trouvons ainsi dans les conditions prévues par l'art. 312 : le réclamant est né d'une femme mariée, et la conception s'est placée durant le mariage: la loi présume qu'il a le mari pour père.

Toutefois la présomption de l'art. 312 n'est pas absolue: les art. 312-314 permettent au mari de désavouer l'enfant dans certains cas, et, il est évident que si dans l'hypothèse qui nous occupe les conditions prévues par ces articles se trouvent réalisées, le mari pourra user du droit de désaveu : mais le mari, contre lequel la maternité est établie par une enquête se trouve-t-il réduit aux moyens de désaveu que lui confèrent ces différents articles ?

Il est certain que nous ne pouvons introduire ici un cas nouveau de désaveu, si la loi ne nous présente à cet effet une disposition expresse : l'art. 325 nous paraît précisément contenir une disposition de ce genre, nous croyons pouvoir conclure des termes de cet article que le mari contre lequel la maternité est établie par la preuve testimoniale a le droit de désavouer l'enfant par tous les moyens possibles. Cette opinion néanmoins n'est pas celle de tous les auteurs, l'art. 325 a été l'objet d'interprétations diverses dont nous devons rendre compte.

Art. 325. « *La preuve contraire pourra se faire par tous les moyens propres à établir que le réclamant n'est pas l'enfant de la mère qu'il prétend avoir, ou même, la maternité prouvée, qu'il n'est pas l'enfant du mari de la mère.* »

La première partie de cet article nous montre que la recherche de la maternité peut être combattue par toute espèce de moyens, nous avons déjà indiqué cette idée.

La seconde partie peut se ramener à ces termes : la preuve contraire pourra se faire par tous les moyens propres à établir, la maternité une fois prouvée, que le réclamant n'est pas l'enfant du mari de la mère. Quel est le sens de cette proposition ?

Suivant Proudhon (t. 11, p. 73-75), l'art. 315 aurait en vue le cas où le mari n'a pas été mis en cause, le but de l'article serait de donner au mari le droit de contester par tous les moyens possibles la maternité qui a été établie contre sa femme sans l'avoir été contre lui-même. Le texte serait ainsi l'application pure et simple de l'article 1351, comme le dit expressément M. Valette (Valette sur Proudhon, t. 11, p. 75, note *a*).

Observons que si l'interprétation proposée est exacte, l'article 325 ne répond nullement à la question que nous nous sommes posée : la maternité n'est pas encore établie contre le mari, il n'a rien à désavouer. Si donc nous voulons tirer de l'art. 325 un cas nouveau de désaveu, nous devons écarter tout d'abord l'interprétation de Proudhon.

A première vue cette interprétation est peu vraisemblable. D'une part en effet elle ne concorde pas avec les termes du texte : l'article nous apprend comment le mari pourra faire la preuve contraire, mais s'il fait la preuve contraire, c'est qu'il est en cause, le texte suppose donc qu'il figure au procès. D'autre part, l'article ainsi entendu devient inutile, car il ne fait que reproduire la disposition écrite dans l'art. 1351.

Proudhon a certainement senti la force de ces objections : mais il a cru trouver dans l'historique de la discussion des arguments qui lui permettaient de passer outre. Voici en effet un passage du discours de l'orateur du Tribunat qui paraît lui donner raison.

« S'il (le réclamant) parvient, au contraire, à
» faire juger que cette femme est sa mère, il lui
» suffit, d'après la jurisprudence encore exis-
» tante, d'opposer par rapport au père la maxime :
» *pater is est quem nuptiæ demonstrant.* Cepen-
» dant il peut arriver que les parents de la femme,
» soit par négligence, soit par collusion avec le
» réclamant, aient laissé accueillir une réclama-
» tion très-peu fondée, et que les parents du mari
» se trouvent lésés au dernier point par un juge-
» ment dont on prétend conclure que le récla-
» mant était l'enfant du mari, quoiqu'il n'eût été

» question au procès que de savoir s'il était l'en-
» fant de la femme. L'article du projet a pour but
» de parer à cet inconvénient grave, etc., etc. »
(Locré, *Législ. civile*, VI, p. 177).

Ainsi, d'après l'orateur du Tribunat, le but de
l'article serait de corriger une jurisprudence antérieure, qui mettait le réclamant sous la protection de la maxime : *pater is est*, etc., par cela
seul que la maternité avait été établie contre la
mère, et encore que le père n'eût pas été mis en
cause. La jurisprudence dérogeait sur ce point à
la règle générale : *res inter alios judicata aliis
neque nocere neque prodesse potest*; l'article rétablit ici l'autorité de cette règle.

Considéré en lui-même le passage que nous
venons de citer est des plus concluants : nous
pensons toutefois qu'on lui a attribué une importance exagérée : et ce sont précisément les travaux préparatoires du Code qui vont nous fournir
la preuve de ce que nous avançons.

Le projet primitif était conçu en ces termes :
« *La famille à laquelle le réclamant prétend appartenir sera admise à combattre sa réclamation
par tous les moyens propres à prouver non-seulement qu'il n'est pas l'enfant du père, mais encore
qu'il n'est pas l'enfant de la mère qu'il réclame.* »

La famille dont il s'agit ici est évidemment la
famille paternelle, car elle a le droit de combattre la réclamation de paternité, et c'est un droit
qui ne saurait être attribué à la famille maternelle ; de plus l'article lui donne le droit de com-

battre la réclamation de maternité, et il eût été inutile de conférer expressément ce droit à la famille maternelle qui le possède déjà. Le projet primitif de l'article supposait donc la famille paternelle en cause.

Il est vrai que le Tribunat a demandé et obtenu la modification du projet : mais dans quel esprit était conçue la réclamation du Tribunat ?

Voici ce qui fait suite immédiatement au passage que nous avons déjà cité.

« L'article du projet a pour but de parer à cet
» inconvénient grave : la section ne peut qu'ap-
» prouver un si juste motif : mais elle pense en
» même temps que pour ne rien laisser à désirer
» sur la clarté du sens et sur la facilité de l'ex-
» plication, la disposition doit être conçue en ces
» termes. »

Ainsi le Tribunat n'a pas entendu innover : il a voulu reproduire avec plus de clarté la disposition contenue dans le projet primitif. Si donc ce projet supposait la famille paternelle en cause, le projet du Tribunat devait le supposer également : et tel est en effet le sens que présente naturellement, comme nous l'avons déjà montré, le texte de l'art. 325, qui n'est autre chose que le projet même du Tribunat.

Que conclure de là, sinon que le passage que l'on nous oppose est le résultat d'une confusion d'idées fâcheuse ? La pensée qu'il exprime pouvait être la pensée personnelle de l'orateur : mais à coup sûr ce n'était ni celle du Conseil d'Etat,

comme le montre la rédaction du projet primitif,
ni même celle du Tribunat, comme le montre la
rédaction qui a prévalu.

C'est donc à tort que l'on a voulu s'appuyer
sur ce passage pour donner de notre article une
interprétation qui ne concorde pas avec les expressions du texte. Ecartons cette interprétation :
reconnaissons que le cas prévu par l'art. 325 est
précisément le cas où le mari ou ses représentants
ont été mis en cause : la maternité est établie
contre eux, ce qui fait naître en faveur du réclamant la présomption de l'art. 325 : l'article nous
apprend comment ils pourront faire tomber cette
présomption.

Ainsi entendu, l'art. 312 répond exactement
à la question que nous nous sommes posée
dès le début : montrons que la réponse qu'il
nous présente introduit réellement un cas nouveau de désaveu.

Le mari, aux termes de cet article, pourra opposer *tous les moyens propres à établir* que le réclamant n'est pas son enfant. Quels sont les
moyens que la loi désigne de la sorte?

D'après certains auteurs, ces moyens ne sont
autre chose que les moyens ordinaires de désaveu, les moyens que la loi détermine comme étant
propres à établir la non-paternité du mari dans
les cas prévus par les art. 312-314.

Nous n'admettons pas cette manière de voir :
d'une part en effet le texte avec cette interprétation serait dépourvu de toute utilité, à quoi bon

dire expressément ce qui allait de soi? D'autre part, observons que, suivant la construction même de la phrase, les mots « *les moyens propres à établir* » se rapportent à la contestation de maternité tout aussi bien qu'à la contestation de paternité. Or il est certain que la réclamation de maternité peut être combattue par tous les moyens possibles : donc, à moins d'attribuer à un seul mot deux sens différents à la fois, nous devons dire que la réclamation de paternité pourra être combattue également par tous les moyens possibles.

Ajoutons que cette disposition ne présente en elle-même rien que de sage et de rationnel. L'enfant vient d'établir la maternité au moyen d'une enquête, l'acte de naissance a fait défaut , cette circonstance éveille la défiance de la loi, la légitimité de la maternité lui paraît douteuse. On peut comparer cette espèce à l'espèce prévue par l'art. 313 ; lorsqu'il y a eu recel de la naissance et adultère de la femme, l'art. 313 permet au mari de prouver le désaveu par toutes sortes de moyens. Dans l'hypothèse qui nous occupe, l'absence du titre fait supposer que la mère a dissimulé l'accouchement, il y a eu comme une sorte de recel, et ce recel fait présumer l'adultère. Les deux situations présentent une analogie frappante , on conçoit que la loi ait donné dans les deux cas des décisions semblables.

Il nous reste à régler au sujet de l'art. 325 un point de procédure : la question de paternité et la question de maternité doivent-elles être l'objet d'une seule et même instruction, d'un seul et même jugement ?

Il est certain qu'à l'égard de l'enfant les deux questions ne se séparent pas : il met en cause le mari et la femme afin d'être déclaré par un seul jugement l'enfant légitime de l'un et de l'autre. La preuve contraire dont parle l'art. 325 paraît également embrasser les deux points à la fois, cet article suppose une contre-enquête unique. La Cour de Caen a fait l'application de cette idée : le jugement qui autorisait la recherche de la filiation par témoins avait assigné un certain délai pour la contre-enquête, le mari qui avait laissé passer ce délai sans agir fut déclaré forclos (24 juin 1846.)

Toutefois il faut considérer en sens contraire que l'unité de contre-enquête peut placer le mari dans la plus fausse des situations ; le mari qui ne veut pas perdre les avantages de sa position doit opposer son désaveu avant que la maternité ait été prouvée, il doit poursuivre publiquement le déshonneur de sa femme à propos d'un fait que rien encore n'a établi.

Mais observons que la procédure lui présente un moyen facile de sortir d'embarras, il lui suffit de réclamer la division des deux preuves que l'enfant a réunies dans une même poursuite. Il demandera l'autorisation de prouver en premier lieu que le réclamant n'est pas l'enfant de sa femme, sous la réserve expresse du droit de prouver ensuite, en cas de premier insuccès, qu'au moins, il n'est pas le père de l'enfant , c'est ce qu'il avait négligé de faire dans l'espèce déférée à la Cour de Caen.

La recherche de la filiation légitime peut aboutir à une déclaration de filiation adultérine : c'est ce qui arrivera dans notre hypothèse, si le réclamant, après avoir réussi vis-à-vis de la femme, échoue vis-à-vis du mari. Le juge devra écarter dès le début la demande du réclamant, s'il est évident pour lui que la filiation recherchée est une filiation adultérine (art. 342). Ainsi la demande qui a échoué à l'égard de la femme ne peut être renouvelée contre le mari ; car, si le réclamant triomphait vis-à-vis de ce dernier, la filiation établie serait nécessairement adultérine.

§ II. — *De la preuve par témoins de la filiation naturelle.*

La filiation naturelle peut être recherchée soit à l'égard du père, soit à l'égard de la mère.

La paternité naturelle ne peut s'établir directement par témoins : la preuve directe de la conception est impossible.

D'un autre côté, les présomptions légales de l'art. 312 ne peuvent trouver ici leur application, car elles reposent sur l'existence du mariage. Les présomptions judiciaires constituent le seul mode de preuve auquel on puisse songer dans l'hypothèse qui nous occupe ; la loi défend d'y recourir, tel est le but de l'art. 340.

Art. 340. « *La recherche de la paternité est in-*
terdite. »

En d'autres termes, lorsque le titre fait défaut,
la paternité naturelle ne peut être prouvée.

Cette règle a soulevé de vives critiques et de
généreuses colères. Nous comprenons très-bien
l'intérêt que peut inspirer l'enfant naturel qui se
trouve dépourvu de filiation ; mais nous ne sau-
rions approuver une jurisprudence qui s'est faite
l'écho de ces réclamations, au point de condamner un séducteur, au mépris du texte de l'art. 340,
à payer pension à la fille qu'il avait séduite et aux
enfants qu'elle avait mis au monde (Cass. arrêt de
rejet, 26 juil. 1864).

Est-il bien vrai d'ailleurs que le système du
Code soit aussi répréhensible qu'on le prétend ?
Il est certain que ce système favorise les désordres de l'homme qu'il décharge de toute
responsabilité ; mais l'incertitude des résultats
et les scandales que pourraient provoquer des
recherches de cette nature ne suffisent-ils pas
pour justifier la décision du Code ?

Sur ce point l'expérience de l'ancien droit nous
paraît concluante. La recherche de la paternité
était admise autrefois : « *creditur virgini dicenti*
se ab aliquo agnitam et ex eo prægnantem esse. »
Cette maxime à la vérité n'avait trait qu'au provisoire, et les secours que devait fournir tout
d'abord le prétendu père ne faisaient point pré-
juger le fond. Toutefois, par cela seul que la
mère établissait qu'il y avait eu cohabitation entre

elle et le prétendu père, la paternité se présumait, et cette présomption ne tombait qu'autant qu'il était prouvé qu'à l'époque de la conception la mère avait cohabité avec d'autres hommes. Ce système avait donné lieu aux abus les plus déplorables; suivant Tronchet (Fenet, X, 74), « les filles poursuivaient les plus riches de ceux qui les avaient fréquentées. » « Les recherches de la paternité, dit Bigot-Préameneu (Fenet, X, 154), étaient regardées comme le fléau de la société. » Les prêtres surtout étaient, paraît-il, l'objet d'une véritable persécution (Bigot-Préameneu). Le Code a coupé court aux scandales de cette nature, et l'on ne peut qu'applaudir à une mesure aussi sage.

Ce qui nous confirme encore dans cette manière de voir, ce sont les réclamations que soulève de nos jours dans les pays où elle est admise la recherche de la paternité (Angleterre, Etats-Unis, Suisse, Allemagne, Espagne) : si c'est à la règle de l'article 340 que l'on attribue en France la progression toujours croissante du nombre des naissances illégitimes, c'est à la règle contraire que l'on attribue le même mal dans ces différents pays. Lorsque la paternité peut être recherchée, la fille pauvre, loin de craindre la maternité, la désire, dans l'espoir de forcer plus tard le père à payer à l'enfant une pension dont elle aura sa part : souvent même elle fait argent du pouvoir de dénonciation que lui reconnaît la loi.

Ainsi donc, si la règle de l'art. 340 favorise

les désordres de l'homme, le système opposé favorise plus encore les désordres de la femme et leur imprime un caractère de vénalité odieux. Nous sommes placés entre deux maux ; et, à notre avis, les rédacteurs du Code, en prohibant la recherche de la paternité, ont encore choisi le moins grave et le moins dangereux.

La règle de l'art. 340 reçoit une exception unique, qui est indiquée par l'article lui-même.

Art. 340 2° : *« Dans le cas d'enlèvement, lorsque l'époque de cet enlèvement se rapportera à celle de la conception, le ravisseur pourra être, sur la demande des parties intéressées, déclaré père de l'enfant. »*

La loi permet l'emploi des présomptions judiciaires lorsque les deux conditions suivantes sont réunies : 1° il y a eu enlèvement, 2° l'époque de l'enlèvement coïncide avec l'époque de la conception.

Cette exception ne fut pas admise du premier coup par les rédacteurs du Code ; suivant le premier projet, le rapt donnait lieu seulement à des dommages-intérêts en faveur de l'enfant, on reconnaissait ainsi une demi-paternité. Le second et le troisième projets étaient plus sévères, la mère seule avait droit à une indemnité. Enfin, après une conférence entre le Tribunat et la section de législation, on se relâcha de cette rigueur, et la rédaction définitive de l'art. 340 fut arrêtée.

Dans quel cas y a-t-il enlèvement ? On n'est pas d'accord sur la définition de ce mot. Constatons d'abord que l'art. 340 ne se réfère pas aux définitions que peut nous fournir la loi pénale. Cet article fut rédigé sous l'empire du Code pénal de 1791, qui ne punissait l'enlèvement qu'autant qu'il avait été commis par violence sur une fille mineure de quatorze ans. Les rédacteurs n'ont pu avoir en vue un cas aussi exceptionnel, d'autant plus que souvent la fille mineure de quatorze ans ne sera pas nubile et la question de paternité ne pourra se poser. Ils ont donc pris le mot enlèvement dans son acception vulgaire : quelle est cette acception ?

Suivant le dictionnaire de l'Académie, enlever une femme c'est l'emmener ou la retenir de force ; et lorsque la femme aura été emmenée ou retenue de force, l'art. 340, 2° trouvera certainement son application. L'enlèvement par violence suppose une séquestration plus ou moins longue durant laquelle la femme s'est trouvée à la disposition du ravisseur, et uniquement à sa disposition : on conçoit que la loi en pareil cas ait permis au juge de présumer la paternité.

Mais devons-nous restreindre à cette hypothèse l'application de l'art. 340, 2° ? Lorsque la femme est emmenée par fraude ou par séduction, n'est-il pas vrai qu'il y a aussi enlèvement ? Nous reconnaissons volontiers que le mot enlèvement se prend souvent en ce sens ; mais nous croyons plus sûr de nous en tenir à la définition de l'Académie. Du moment que l'on s'écarte de cette définition, on ne sait plus où s'arrêter, et l'on n'a d'autre ressource que de s'en remettre à la prudence et à la discrétion du magistrat.

Le viol est-il compris dans l'enlèvement dont parle l'art. 340?

L'affirmative est contestée : le viol n'est pas un enlèvement proprement dit, et le législateur a bien fait la différence, car, après avoir parlé de rapt dans le premier projet de l'article, de rapt ou viol dans le second et dans le troisième, il a mis simplement *enlèvement*, dans la rédaction définitive. Peut-être a-t-on voulu faire une concession au Tribunat, qui voyait avec peine introduire une exception au principe posé par l'art. 340, 1°.

Cette manière de voir nous semble rigoureuse : l'enlèvement ne fournit qu'une présomption de rapprochement entre l'homme et la femme, le viol en présente une preuve certaine. On attache trop d'importance aux termes employés par les différents projets de notre article. Si, lors de la rédaction définitive, le mot viol a été omis, c'est qu'on le considérait comme compris dans le mot enlèvement : le viol en effet n'est autre chose qu'un enlèvement momentané.

Les Codes nouveaux de l'Italie, de la Hollande, de Bade et du Valais se sont prononcés dans notre sens : afin de prévenir toute difficulté, ils ont expressément ajouté le cas de viol au cas d'enlèvement.

La preuve de l'enlèvement se fera par toute espèce de moyens. Les présomptions de l'art. 312 pourront servir à déterminer la coïncidence entre l'époque de la conception et celle de l'enlèvement, mais elles ne lieront pas nécessairement le juge, car nous ne sommes plus dans l'hypothèse prévue par l'art. 312.

La preuve de la paternité que la loi autorise ici par exception est une preuve par présomptions judiciaires : les juges apprécieront suivant les circonstances. Ils tiendront compte notamment des mœurs et de la réputation de la mère, du caractère de la séquestration, de la conduite du ravisseur vis-à-vis de l'enfant, des soins qu'il lui a donnés, des aveux qui peuvent résulter de ses lettres ou autres papiers, de tous les faits enfin qui peuvent constituer en faveur de l'enfant un commencement de possession d'état.

La recherche de la paternité naturelle est interdite : en est-il de même de la recherche de la maternité ?

La maternité se compose de deux éléments : l'accouchement et l'identité, qui, l'un et l'autre, comportent la preuve testimoniale. De là la disposition écrite dans l'art. 341, 1°.

Art. 341 : « *La recherche de la maternité est admise.* »

Mais, le principe une fois posé, la loi introduit certaines restrictions : il est aisé d'en comprendre la raison. Les considérations qui pour la maternité légitime ont empêché l'admission *de plano* de la preuve testimoniale se représentent ici avec une force plus grande. La fille ou la veuve qui accouche s'efforce le plus souvent de dissimuler un fait dont la publicité la couvrirait de honte : la difficulté de la preuve, qui pour la filiation légitime constitue l'exception, devient ici la règle. D'autre part, si la filiation légitime n'a rien que d'honorable pour ceux à qui on l'attribue, la filiation naturelle entache la réputation de la mère de la manière la plus grave, le scandale est ainsi particulièrement à craindre.

Examinons les paragraphes 2° et 3° de l'art. 341.

Art 341 2° et 3° : « *L'enfant qui réclamera sa mère sera tenu de prouver qu'il est identiquement le même que l'enfant dont elle est accouchée.* »

« *Il ne sera reçu à faire cette preuve par témoins que lorsqu'il aura déjà un commencement de preuve par écrit.* »

Le troisième paragraphe nous apprend que le demandeur doit présenter un commencement de preuve par écrit : mais la preuve de la maternité comprend deux preuves distinctes, celle de l'accouchement et celle de l'identité : le commencement de preuve par écrit est-il exigé pour l'une et pour l'autre de ces deux preuves ?

A priori nous sommes conduits à le supposer : en matière de filiation légitime la loi exige qu'il en soit ainsi, nous ne pouvons admettre qu'elle se montre moins rigoureuse à l'égard de la filiation naturelle : voyons si telle est en effet la disposition que renferme notre texte.

La preuve pour laquelle le paragraphe 3° exige un commencement de preuve par écrit est la preuve dont s'occupe le paragraphe 2° : or, d'après le paragraphe 2°, l'enfant doit prouver *qu'il est identiquement le même que l'enfant dont la mère est accouchée.* Ces mots s'appliquent certainement à la preuve de l'identité, ils paraissent même s'y appliquer exclusivement ; et certains auteurs ont pensé en effet que la disposition restrictive du dernier paragraphe portait uniquement sur la preuve de l'identité.

Nous écartons sans hésiter cette interprétation, car elle ne concorde pas avec la construction et la suite de l'article. Suivant les auteurs dont nous repoussons la doctrine, la loi, en arrivant au second paragraphe, suppose déjà faite la preuve de l'accouchement, elle sous-entend cette première preuve entre le premier et le second paragraphe. Cette manière de procéder nous semble, de la part du législateur, peu vraisemblable : immédiatement après avoir déclaré que la recherche de la maternité était admise, il nous apprend ce qui doit être l'objet de cette recherche : n'est-il point probable qu'il va précisément nous indiquer les deux éléments dont elle se compose ? Et en effet le paragraphe 2° s'occupe expressément de ces deux éléments : sans doute il eût été plus logique de faire venir la preuve de l'identité après la preuve de l'accouchement : mais enfin le texte parle tout à la fois de l'un et de l'autre, et rien ne nous empêche d'appliquer à la preuve de chacun de ces deux faits la disposition restrictive du paragraphe suivant.

D'ailleurs, si l'art. 341 suppose déjà faite la preuve de l'accouchement, s'il n'exige point directement pour cette preuve un commencement de preuve par écrit, comment pourra s'établir l'accouchement ? Logiquement il faudrait dire qu'il s'établira *de plano* par la preuve testimoniale : et cependant les auteurs qui interprètent de la sorte l'art. 341 demandent d'ordinaire pour la preuve de l'accouchement la présentation d'un titre régulier ou tout au moins d'un commencement de preuve par écrit : ce qui est moins rationnel dans leur système, mais ce qui répond mieux à l'esprit de la loi. La vérité est qu'ils se sont placés dans une impasse, faute d'avoir entendu convenablement le texte de l'art. 341, 2°.

Le demandeur a deux preuves distinctes à fournir : devra-t-il les présenter dans un ordre déterminé ? Le texte ne le dit pas, mais la logique exige que la preuve de l'accouchement précède la preuve de l'identité.

Le demandeur doit apporter un commencement de preuve pour l'accouchement et pour l'identité : sera-t-il admis à établir l'accouchement, dès qu'il aura produit un commencement de preuve pour ce premier fait, et avant d'avoir justifié d'un commencement de preuve pour l'identité ? Nous ne le pensons pas : nous croyons

même que si le paragraphe 2° de l'article 341
mêle et confond deux preuves qui de leur nature sont parfaitement distinctes, c'est précisément afin de prévenir entre elles l'idée d'une
séparation complète. La solution du reste est
commandée par la raison : la preuve de l'accouchement peut porter gravement atteinte à
l'honneur de la prétendue mère, le premier venu
n'a pas le droit de la couvrir ainsi de confusion,
s'il ne rend au moins vraisemblable dès le début
l'intérêt qu'il peut avoir à engager le débat.

L'art. 341, qui demande un commencement de
preuve par écrit, ne dit point, comme l'art. 323,
que des présomptions ou indices graves puissent
y suppléer. Nous avons montré déjà que la loi
devait être plus sévère pour la filiation naturelle que pour la filiation légitime : si donc la
disposition de l'art. 341 est moins large que la
disposition de l'art. 323, nous n'avons pas lieu
d'en être surpris.

Toutefois la rigueur de la loi à cet égard a été
vivement critiquée : on a fait observer que chez
les familles peu lettrées il était souvent impossible de rencontrer un commencement de preuve
par écrit. Aussi voyons-nous que la plupart des
législations étrangères qui ont pris notre Code pour
modèle ont eu soin d'ajouter à l'art. 341 un paragraphe nouveau qui reproduit la disposition de
l'art. 323.

Sur un autre point encore, le texte de l'art. 341

diffère du texte des art. 323 et 324 : à propos de la filiation légitime, la loi définit ce qu'il faut entendre par un commencement de preuve par écrit, elle élargit la définition générale de l'art. 1347 ; ici elle néglige de prendre le même soin : comment devons-nous interpréter ce silence ? Devons-nous rapporter le commencement de preuve par écrit dont parle l'art. 341, 3° à la définition générale de l'art. 1347, ou à la définition particulière de l'art. 324 ?

La définition de l'art. 324 est une définition exceptionnelle : nous n'avons pas le droit de l'appliquer en dehors des cas prévus par cet article.

L'exception qui est introduite par cette définition se justifie par la faveur due à la légitimité : la même faveur n'est pas due à la filiation naturelle.

On objecte que la loi parlant deux fois dans le même titre du commencement de preuve par écrit n'a pu employer la même expression dans deux sens différents ; si dans l'art. 341 elle ne définit point ce qu'il faut entendre par un commencement de preuve par écrit, c'est qu'elle se réfère à la définition déjà donnée dans l'art. 324.

Ce raisonnement ne saurait nous convaincre : on comprend aisément que dans l'art. 324 la loi admette à titre de commencement de preuve des écrits émanés de certains tiers, car elle accepte au même titre les présomptions ou indices graves résultant de faits dès lors constants : l'écrit émané d'un tiers prédécédé, qui aurait eu, s'il eût vécu, un intérêt contraire à l'intérêt du réclamant, constitue précisément une présomption de ce genre. Mais, à propos de la filiation naturelle la loi ne voit pas dans les présomptions ou indices graves un commencement de preuve suffisant : comment aurait-elle attribué une valeur plus grande aux écrits émanés des tiers qui ne constituent point des aveux et fournissent de simples présomptions ?

Écartons donc ici la définition exceptionnelle de l'art. 324 : conformément à la règle de l'art. 1347, le commencement de preuve par écrit devra émaner du défendeur.

Sur un point cependant nous dérogerons à la règle : suivant nous l'écrit émané de la mère sera opposable à tous les tiers, car une reconnaissance expresse et authentique de la mère prouverait la filiation à l'égard de tous. Mais les écrits émanés d'une autre personne ne seront opposables qu'à leur auteur.

Quels sont les écrits propres à servir de commencement de preuve ? Ces écrits pourront offrir les formes les plus diverses ; actes publics ou privés, registres ou lettres missives, tous rempliront le but proposé, s'ils émanent de l'adversaire et s'ils rendent vraisemblable l'accouchement ou l'identité.

L'acte de reconnaissance signé par la mère,

mais sous seing privé, constitue un commencement de preuve pour l'accouchement, mais non
pour l'identité : le fait qu'il se trouve entre les
mains du réclamant ne caractérise point suffisamment l'identité.

Suivant certains auteurs, l'acte de naissance
qui désigne la mère naturelle, sans qu'elle ait
concouru à la confection de cet acte, fait preuve
de l'accouchement. Nous réfuterons plus loin cette
doctrine ; mais constatons ici que si l'on refuse
à un acte semblable une force probante qui lui
soit propre, on peut encore moins en faire un
commencement de preuve par écrit, car il n'é-
mane pas du défendeur.

Il s'élève à propos de la preuve de l'identité
une question assez délicate : le demandeur présente
un écrit qui fait présumer l'identité : mais comment prouvera-t-il que l'écrit lui-même se rapporte à sa propre personne ? Le plus souvent
cette preuve ne pourra résulter que de la possession d'état, et cette possession elle-même s'établira par témoins. Ainsi la loi exige un écrit qui
rende vraisemblable l'identité du réclamant avec
l'enfant dont la mère est accouchée : mais nous
sommes obligés de reconnaître au réclamant le
droit d'établir *de plano* par la preuve testimoniale
son identité avec la personne dont parle l'écrit.

L'art. 340 qui dans un cas exceptionnel autorise
la preuve par enquête de la paternité et l'art.
341 qui permet sous certaines conditions la

preuve testimoniale de la maternité ne s'appliquent point à la filiation adultérine ou incertaine :
la recherche de cette filiation est prohibée de la
manière la plus absolue par l'art. 342.

SECONDE PARTIE.

DE LA PREUVE DU MARIAGE ET DE LA FILIATION PAR LES PRÉSOMPTIONS LÉGALES.

Les présomptions légales ne peuvent être invoquées qu'autant qu'elles sont expressément écrites dans la loi : notre tâche se réduit donc à rechercher quelles sont celles que le Code nous présente à propos de la preuve du mariage et de la filiation.

Cès présomptions sont au nombre de quatre:

1° La présomption légale de paternité que fournit l'art. 312. Nous n'avons pas à parler ici de cette présomption qui suppose d'ordinaire la présentation d'un titre : nous avons vu ce qu'elle devient (art. 325) lorsque le titre fait défaut.

2° La présomption légale qui résulte de la possession d'état (art. 195-197 et 320-322).

3° La présomption légale qui résulte de l'autorité de la chose jugée dans les conditions prévues par l'art. 1351 : nous laisserons de côté cette présomption, qui s'applique à notre matière suivant les règles du droit commun.

4° La présomption légale qui résulte de l'autorité en matière civile de la chose jugée au criminel : le Code nous donne ici sur ce point quelques dispositions particulières (art. 198-200 et 326-327).

Examinons l'une après l'autre les présomptions légales qui résultent de la possession d'état et de l'autorité en matière civile de la chose jugée au criminel.

SECTION I. — *De la preuve du mariage et de la filiation par la possession d'état.*

La possession est l'exercice, la jouissance d'un droit : la possession d'état est l'exercice, la jouissance des droits attachés à un état. Ainsi on a la possession d'état d'enfant légitime quand on est traité comme tel dans la famille et dans la société. Les faits propres à caractériser la possession d'état se ramenaient dans les écrits de nos anciens auteurs aux trois termes suivants : *nomen, tractatus et fama :* nous aurons plus tard à développer le sens de chacun de ces termes.

Nous avons à considérer la possession d'état au point de vue de la force probante qu'elle peut avoir. Sur quoi se fonde cette force probante?

La possession, d'ordinaire, accompagne le droit; généralement en effet les droits sont exercés par ceux à qui ils appartiennent. Il suit de là que partout où nous voyons la possession , nous sommes portés à croire à l'existence du droit, la possession fait présumer le droit. Mais quelle est la valeur de cette présomption ?

La valeur de cette présomption varie suivant la nature des droits qu'il s'agit d'établir.

En matière de propriété la loi n'admet pas que la possession fasse présumer le droit. Il est vrai que dans un procès le possesseur est défendeur, et la qualité de défendeur le dispense de faire la preuve. Mais ce privilege n'a point sa source dans une présomption de propriété : lorsque la loi attribue au possesseur l'avantage de la défense, elle obéit à des considérations d'ordre public et de police supérieure. Ce qui montre bien que la présomption de propriété ne joue ici aucun rôle, c'est que, du moment que la qualité de défendeur fait défaut, la possession est dépourvue de toute force probante. Ainsi, aux termes de l'art. 2018, celui qui sert de caution en justice doit être propriétaire d'immeubles dont la valeur réponde de l'objet de l'obligation : c'est en vain qu'il justifierait de la possession des immeubles les plus considérables, la possession ne compte pas, il faut qu'il apporte de véritables titres de propriété.

Et cependant, est-il bien exact de dire qu'en matière de propriété la loi écarte toujours la présomption qui résulte de la possession ? Suivant un grand nombre d'auteurs, la prescription acquisitive se fonde sur une présomption de propriété :

la loi qui reconnaît cette prescription ne ferait ainsi que consacrer la présomption naturelle qui s'attache à la possession prolongée.

En matière d'obligations, le système du Code est plus net encore : si l'art. 1240 valide le payement fait de bonne foi au possesseur d'une créance, c'est une pure décision d'équité, la loi vient au secours du débiteur qui a pu être trompé par les apparences : mais elle n'admet pas que la possession d'une créance puisse établir au profit du possesseur la qualité de créancier.

En matière d'état, il n'en est pas toujours de même : tantôt la loi écarte la présomption qui résulte de la possession, tantôt elle lui reconnaît une certaine valeur, quelquefois même elle en fait une présomption légale. Examinons successivement les différentes dispositions qu'elle nous présente à ce sujet : nous essayerons de montrer sur quels motifs se fonde chacune de ces dispositions.

Occupons-nous d'abord des effets de la possession d'état en matière de mariage.

CHAPITRE PREMIER.

DE LA PREUVE DU MARIAGE PAR LA POSSESSION D'ÉTAT.

« La possession est le mode de preuve le plus ancien de l'état des hommes, dit M. Demolombe (t. III, p. 227), le mode que l'on pourrait appeler primitif. » Et en effet l'idée de constater par écrit les événements qui produisent l'état des per- sonnes, et surtout l'idée de prescrire à cet effet la tenue de registres réguliers suppose une civilisa- tion déjà avancée. A l'origine le titre faisait défaut; si la preuve testimoniale venait à manquer éga- lement, on etait réduit à la preuve par la posses- sion d'état et par la commune renommée.

La proposition qui précède s'applique a la preuve du mariage comme à la preuve de la filia- tion ; elle se vérifie en droit romain comme dans notre ancien droit français.

L'emploi de la preuve par la possession d'état était d'ailleurs la conséquence naturelle de la théorie romaine sur le mariage. On sait qu'à Rome le mariage n'avait rien de solennel; c'était la volonté des parties et la nature de l'affection qu'elles se portaient réciproquement qui distin- guait les justes noces du concubinat. Prouver le mariage, c'était prouver que les parties avaient entendu vivre ensemble comme mari et femme ; et c'est précisément ce que la possession d'état était éminemment propre à faire connaître.

Au moyen âge le droit canonique permettait de contracter mariage sans solennité, par paroles de présents (*verba de præsenti*) : la possession d'état suffisait pour établir le mariage.

L'ordonnance de Moulins, qui à propos des intérêts pécuniaires introduisit une théorie nouvelle de la preuve, n'innova point à l'égard des questions d'état.

Toutefois les abus du système en vigueur se faisaient vivement sentir dans la pratique : le concile de Trente essaya d'y apporter remède et prononça pour l'avenir la nullité des mariages clandestins. Les décrets de ce concile ne furent point reconnus en France, mais nos rois dans leurs ordonnances s'inspirèrent de la même pensée ainsi C'est sée l'ordonnance de 1639, renouvelant et complétant l'art. 40 de l'ordonnance de Blois de 1579, qui n'avait jamais été franchement appliquée, défendit aux juges de recevoir la preuve des unions clandestines, et enjoignit qu'il fût dressé acte de la célébration du mariage en présence des quatre plus proches parents.

Le mariage devenait ainsi un acte solennel : et il est évident qu'après un semblable changement la possession d'état n'était plus qu'un mode de preuve insuffisant. Cette idée est bien celle qui prévalut dans la doctrine : mais il fallut long-

temps avant que la pratique entrât sincèrement
dans cette voie. On avait peine à renoncer aux
anciennes habitudes; dans les cas favorables on y
revenait volontiers, et nous voyons encore, le
7 janvier 1676, un arrêt du Parlement de Paris
reconnaître la qualité de veuve à une femme,
qui, à défaut de titre, justifiait d'une possession
d'état de trente-neuf ans.

Suivant l'opinion commune, la possession
d'état suffisait au moins pour autoriser l'admission de la preuve testimoniale.

Notons aussi que la jurisprudence du dix-hui-
tième siècle admettait de la manière la plus générale la preuve par la possession d'état des
mariages protestants, de ceux qui, selon l'expression du temps, avaient été *célébrés au désert* :
on obéissait à une nécessité de fait, car dès 1740
le nombre des mariages *célébrés au désert* était
évalué à plus de quatre cent mille. (Bonnier,
Traité des preuves, t. I, p. 243.)

Le Code a mis fin aux errements fâcheux que
l'on suivait dans l'ancien droit.

Art. 195. « *La possession d'état ne pourra dispenser les prétendus époux qui l'invoqueront res-
pectivement de représenter l'acte de célébration du
mariage devant l'officier de l'état civil.* »

Cette règle est parfaitement rationnelle : la loi
fait du mariage un contrat solennel, elle prend
les précautions les plus grandes afin que ce contrat soit constaté officiellement au moyen d'un
acte dont elle assure la conservation : elle n'ad-

met pas que les parties puissent se dispenser plus tard de la représentation de cet acte. « Vous êtes » mariés, dites-vous, apprenez-nous le lieu et » l'époque de la célébration, nous en retrouve- » rons la preuve écrite. »

La présomption qui résulte de la possession d'état est d'ailleurs entachée ici d'un vice qui l'affaiblit singulièrement : cette possession est l'œuvre des parties, les prétendus époux se sont créés à eux-mêmes leur titre. Les autoriser à prouver au moyen de la possession la légitimité de leur union, ce serait leur permettre de contracter mariage en dehors des formes déterminées par la loi.

« Dans les grandes villes surtout, disait Tron- » chet au conseil d'Etat, il n'est pas rare de voir » des individus, qui, sans être mariés, se font par » rapport au mariage une sorte de possession » d'état : quelquefois même ils la corroborent » par un contrat de mariage et par les qualités » qu'ils prennent dans les actes. Ne pas sévir » contre eux, ce serait faciliter le concubinage. » Comme jamais un individu ne peut ignorer le » lieu où il a été marié, il est juste d'exiger d'eux » l'acte même de leur mariage pour les admettre » à prendre le titre d'époux. » (Locré, *Leg.*, IV, p. 420.)

Ce langage déjà fondé lors de la rédaction du Code reçoit de jour en jour une force nouvelle en raison de l'accroissement des grands centres et des facilités de déplacement. Et si quelque chose

doit nous étonner c'est devoir certaines législations étrangères conserver un mode de preuve
qui se prête aux abus les plus déplorables.
C'est ainsi qu'en Angleterre et aux États-Unis
le droit commun reconnaît la validité des mariages *par paroles de présent*, et par suite autorise la preuve de ces mariages au moyen de
la possession d'état. Sur le territoire anglais proprement dit, des statuts royaux prescrivent la tenue de registres réguliers : mais on continue à y
recevoir la preuve du mariage par la commune
renommée (Bonnier, *Traité des preuves*, t. I,
p. 240.)

Aux termes de l'art. 195, la possession d'état
ne prouve pas le mariage : devons-nous conclure
de là que la possession d'état est dénuée en cette
matière de toute force probante? Ce serait aller
trop loin : la possession d'état concourt dans certains cas à la preuve du mariage : c'est ce qui
résulte, suivant certains auteurs, de l'art. 196 ;
c'est ce qui résulte, de l'avis de tous, de l'art. 197.
Examinons successivement ces deux articles.

Art. 196. « *Lorsqu'il y a possession d'état et que
l'acte de célébration du mariage devant l'officier
de l'état civil est représenté, les époux sont res-
pectivement non recevables à demander la nullité
de cet acte.* »

Deux interprétations principales ont été proposées pour cet article : suivant la première,
l'article aurait en vue une question de preuve, il
donnerait à la possession d'état une certaine force

probante; suivant la seconde, il s'agirait ici, non pas de la preuve, mais de la validité même du mariage.

Montrons que la première interprétation ne saurait être admise, ou que, tout au moins, si on l'admet, l'article se trouve dépourvu de toute application pratique nous aurons prouvé par cela même que l'article est étranger à la matière que nous traitons.

L'art. 196 établit une fin de non-recevoir : la nullité d'un acte est demandée, le défendeur fait tomber cette demande en établissant la possession d'état.

Mais quel est l'acte dont la nullité se trouve ainsi couverte? C'est sur ce point que porte la difficulté.

La première idée qui se présente à l'esprit est qu'il s'agit dans cet article de l'acte écrit de célébration. Un acte de célébration est produit, mais il est irrégulier; par exemple il n'est signé que de deux témoins, ou bien l'officier de l'état civil n'a pas mentionné la lecture de l'acte qui a été faite aux parties. La possession d'état couvre les irrégularités dont cet acte peut être entaché, elle devient ainsi un élément de la preuve du mariage.

Cette interprétation de l'art. 196 paraît des plus simples : mais il faut avouer, si on l'admet, que l'article se trouve dénué de toute espèce d'utilité.

Observons en effet que les formes prescrites par la loi pour l'acte de célébration ne sont nulle part exigées à peine de nullité ; cette sanction rigoureuse qui se trouvait dans quelques-uns des projets primitifs du Code n'a pas été reproduite dans le texte définitif ; et en matière de nullités nous ne pouvons suppléer au silence de la loi. Mais si l'irrégularité de l'acte de célébration n'entraîne point la nullité de cet acte, s'il conserve sa valeur et fait preuve du mariage, à quoi bon invoquer la possession d'état ? Pourquoi couvrir au moyen de cette possession un vice qui n'existe pas ?

On essaye de répondre à cette objection en supposant un acte entaché de plusieurs irrégularités, un acte à peu près informe, que les tribunaux ne seraient point tenus d'accepter comme valable, s'il n'était appuyé de la possession d'état. Mais il ne suffit pas d'énoncer une proposition aussi vague, il faut préciser et citer des actes dont l'irrégularité présente un semblable caractère. Il est clair que si l'on propose un écrit véritablement informe, les juges auront toujours le droit de le repousser, qu'il soit appuyé ou non de la possession d'état : cet écrit n'aura pas même le caractère d'acte qui est exigé par l'art. 196.

En réalité on n'a jamais cité qu'un seul cas qui fût de nature à rentrer dans la théorie proposée c'est le cas où l'acte dûment rédigé et signé des parties est inscrit sur une feuille volante : l'inscription sur une feuille volante serait aussi le vice qui pourrait être couvert par la possession d'état.

On suppose de la sorte qu'un acte de ce genre conserve une certaine force probante, ce qui est contesté par la plupart des auteurs : mais en prenant même ce point pour accordé, nous croyons que le texte de l'art. 196 rapproché du texte des art. 195 et 194 suffit pour écarter l'hypothèse que l'on met en avant.

Considérons en effet la suite et la combinaison des trois art. 194, 195 et 196 : il est incontestable que l'acte de célébration dont s'occupent ces trois articles demeure toujours le même, il ne change point d'un article à l'autre ; l'acte de célébration dont parle l'art. 196 est bien celui dont parle l'art. 194, c'est-à-dire un acte de célébration *inscrit sur le registre de l'état civil.* Le texte même de l'art. 196 suppose donc que l'acte est inscrit sur le registre : l'hypothèse d'un acte inscrit sur une feuille volante se trouve ainsi écartée, et avec elle la seule application pratique que puisse recevoir l'art. 196 d'après l'interprétation dont nous rendons compte.

Quelques personnes ont pris leur parti de ce résultat : elles admettent l'inutilité de l'article ; les rédacteurs du Code auraient oublié en l'écrivant qu'aucune des formalités exigées pour la rédaction de l'acte de célébration n'était prescrite à peine de nullité. La lecture des travaux préparatoires concorde assez bien avec cette manière de voir : ni les projets primitifs ni même le projet définitif du conseil d'Etat ne portent trace du futur art. 196 ni d'aucun article équivalent ; la discussion n'y fait pas la plus légère allusion ; cet article a dû se produire au dernier moment, et la précipitation avec laquelle il a été fait explique l'inconséquence que l'on signale.

Cette opinion nous paraît assez plausible : d'autres auteurs cependant ont pensé qu'avant d'accuser les rédacteurs du Code d'irréflexion et d'étourderie, il fallait épuiser toutes les ressources de l'interprétation ; et ils ont proposé d'expliquer l'art. 196 en supposant que cet article a en vue, non pas l'acte écrit de célébration, mais le fait même de la célébration. La possession d'état aurait ainsi pour effet de couvrir les vices qui ont entaché la célébration du mariage, notamment la clandestinité et l'incompétence relative de l'officier public. Les expressions employées par l'article : « *et que l'acte de célébration… est représenté* » ne concordent guère avec cette manière de voir ; et il faut admettre que les rédacteurs ont confondu dans une certaine mesure l'acte écrit avec le fait de la célébration. Cette confusion n'a rien de bien invraisemblable, et de plus les résultats auxquels conduit cette interprétation sont parfaitement raisonnables. Mais observons que l'article ainsi entendu n'appartient plus à notre sujet.

En somme, de quelque manière que l'on interprète cet article, nous n'avons pas à en tenir compte. Si l'on prend le mot acte dans le sens d'acte écrit, l'article est sans application pratique ; et si l'on donne au mot acte un sens différent, l'article peut recevoir une certaine utilité, mais il devient étranger à la matière que nous traitons.

L'art. 196 n'attribue la possession d'état aucune force probante : en est-il de même de l'art. 197 ?

Il suffit de lire cet article pour se convaincre que, dans un cas exceptionnel, il fait de la possession d'état un élément de la preuve du mariage.

Art. 197. « *Si néanmoins, dans le cas des art. 194 et 195, il existe des enfants issus de deux individus qui ont vécu publiquement comme mari et femme et qui soient tous deux décédés, la légitimité des enfants ne peut être contestée sous le seul prétexte du défaut de représentation de l'acte de célébration, toutes les fois que cette légitimité est prouvée par une possession d'état qui n'est point contredite par l'acte de naissance.* »

Cet article reproduit une décision déjà consacrée dans notre ancienne jurisprudence, et dont on peut retrouver l'origine dans un texte du droit romain, la loi 9 *de Nuptiis*, V, 4, Code. Voyons sur quoi se fonde cette disposition exceptionnelle, en faveur de qui elle est introduite et sous quelles conditions, quels en sont les effets.

La possession d'état ne dispense jamais les époux de la représentation du titre, parce qu'il est impossible qu'ils ignorent le lieu où ils se sont mariés. Il n'en est pas de même des enfants issus du mariage, ils peuvent légitimement ignorer le pays et l'époque de la célébration, surtout si le mariage a été contracté à l'étranger : et cependant ils ont à prouver le mariage un intérêt égal à l'intérêt même des époux, car la preuve de leur légitimité en dépend. La loi vient à leur secours toutefois elle distingue deux cas. Les père et mère ou l'un d'eux sont-ils encore vivants? L'enfant peut se renseigner auprès d'eux, il est inutile de faire une exception en sa faveur. Les père et mère au contraire sont-ils l'un et l'autre décédés ? L'enfant ne peut se renseigner auprès d'eux, et s'il a d'autres parents, ils se garderont bien de l'éclairer : ce serait lui faciliter la preuve d'une légitimité qu'ils sont intéressés à méconnaître. C'est alors que la loi lui offre dans l'art. 197 un moyen de suppléer à l'absence de l'acte de célébration.

Ainsi l'art. 197 se fonde principalement sur l'impossibilité qui peut résulter pour les enfants du prédécès de leurs père et mère, de produire l'acte de célébration : c'est une application du principe posé dans l'art 1348, 1°. Cette considération cependant ne suffit pas pour rendre compte de la disposition contenue dans cet article , car on pourrait l'invoquer aussi bien en faveur des ascendants, des collatéraux et des tiers. La loi s'est laissé toucher ici par une idée particulière, la faveur due à la légitimité La double possession d'état dont l'article exige la preuve fait présumer en effet une légitimité que la loi accueille avec faveur ; elle déroge pour elle et pour elle seule au droit commun.

Ajoutons que cette disposition est d'autant moins dangereuse que la double possession d'état que l'on invoque n'est pas l'œuvre de l'enfant, on ne peut l'accuser de s'être créé son titre à lui-même.

La dérogation est établie au profit des enfants et uniquement à leur profit : le droit qui résulte pou reux de l'art. 137 peut être exercé soit par eux, soit par leurs héritiers ou ayant cause. Le même droit appartient à leurs enfants ou autres descendants, abstraction faite de la qualité d'héritiers, car ce sera également pour eux une question de légitimité.

Les conditions exigées par l'art. 197 sont au nombre de quatre ; il faut :

1° Que les père et mère soient tous deux prédécédès ;

2° Qu'ils aient joui de leur vivant de la possession d'état d'époux ;

3° Que les enfants aient joui de la possession d'état d'enfants légitimes ;

4° Que cette dernière possession ne soit pas contredite par l'acte de naissance.

Reprenons l'une après l'autre ces quatre conditions.

1° Il faut que les père et mère soient tous deux prédécédés.

C'est leur décès en effet qui met les enfants dans l'impossibilité de connaître le lieu et l'époque de la célébration.

Lorsque la mort civile existait, on convenait généralement que l'art. 197 ne s'y référait point : la mort civile n'empêchait pas les père et mère de fournir à l'enfant les indications nécessaires.

Les père et mère sont vivants, mais absents ou interdits ; les enfants pourront-ils se prévaloir de la disposition de l'art. 197 comme s'ils étaient prédécédés ?

Nous ne sommes plus exactement dans les termes de l'art. 197 ; de plus la disposition de l'art. 197 est une disposition exceptionnelle, et les exceptions doivent s'interpréter de la manière la plus étroite.

Que l'on parcoure d'ailleurs le titre que le Code a consacré au mariage, et l'on verra que toutes les fois qu'il veut assimiler au décès l'impossibilité où se trouve une personne de manifester sa volonté, de faire acte d'intelligence ou de mémoire, il a soin de le dire expressément (art. 149, 150 et 160). Enfin, si l'on étend à l'espèce proposée le bénéfice de l'art. 197, on s'expose à provoquer les situations les plus bizarres. Supposons

que, durant l'absence ou la démence des père et
mère, l'enfant ait fait reconnaître en vertu de
l'art. 197 la légitimité de sa naissance : puis les
père et mère reviennent ou recouvrent la raison :
quelle sera la position de l'enfant ?

Devons-nous lui retirer la qualité d'enfant légitime que le jugement lui a conférée ? Et si nous
n'admettons pas cette solution, n'allons-nous pas
avoir en présence les uns des autres des enfants
dont la légitimité sera établie et des père et mère
qui seront impuissants à prouver leur propre
mariage ? La loi a voulu prévenir de semblables
difficultés, et c'est pour cela qu'elle a exigé de la
manière la plus formelle la condition du prédécès
des père et mère.

Les considérations qui précèdent ne sont point
dépourvues de valeur : nous croyons cependant
qu'elles conduisent à une doctrine trop dure et
trop rigoureuse pour l'enfant. Que les père et
mère soient prédécédés, absents ou interdits, il
y a même impossibilité pour lui de se procurer
les renseignements qui lui font défaut, et par
suite même raison de lui accorder le bénéfice de
l'art. 197. Si la loi parle de décès, c'est que le
décès sera le cas le plus ordinaire; mais cette
énonciation n'a rien de restrictif.

Par absence et par démence nous entendons
ici l'absence déclarée et la démence constatée par
un jugement d'interdiction la preuve de chacun
de ces faits sera à la charge de l'enfant comme le
serait la preuve du décès.

L'enfant, durant l'absence ou la démence, a fait reconnaître sa légitimité au moyen de l'art. 197, puis l'absent revient, ou le jugement d'interdiction est levé : suivant nous, le jugement déclaratif de légitimité sera non avenu, les adversaires pourront renouveler leur demande sans avoir à redouter l'exception de la chose jugée, et l'enfant cette fois sera tenu de faire la preuve du mariage conformément au droit commun.

Supposons maintenant que l'un des père et mère étant prédécédé, l'autre soit vivant, présent et sain d'esprit : mais il nie le mariage, c'est contre lui que l'enfant demande à en faire la preuve. Il est évident que si l'enfant ignore le lieu de la célébration, le survivant des père et mère n'aura garde de l'en informer : ne convient-il point de faire rentrer cette hypothèse dans les termes de l'art. 197 ?

Cette extension nouvelle de notre texte est admise par quelques auteurs, qui citent comme un cas particulièrement favorable le cas où le survivant des père et mère a lui-même signé l'acte de naissance qui présente l'enfant comme légitime : elle nous paraît cependant exagérée. Il n'est plus vrai de dire que l'enfant soit dans l'impossibilité de se procurer les renseignements dont il a besoin, le survivant des père et mère est à même de les lui fournir. On objecte qu'il a un intérêt contraire à l'intérêt de l'enfant : mais en niant frauduleusement le mariage, il nierait par cela même la légitimité de l'enfant : c'est précisément ce que la loi ne veut pas supposer. Elle n'admet pas que, pour un simple intérêt pécuniaire, des parents puissent oublier l'affection et la tendresse qu'ils doivent à leur propre enfant et le réduisent méchamment à l'état de bâtardise. Que le fait puisse se présenter, ce n'est pas impossible, mais la loi n'a pu statuer pour des cas exceptionnels.

On peut dire aussi que le plus souvent si le survivant des père et mère nie le mariage et par suite la légitimité de l'enfant, il sera difficile de reconnaître au profit de celui-ci l'existence d'une possession d'état d'enfant légitime. Ajoutons enfin que si l'enfant possède d'autres parents, il pourra se renseigner auprès d'eux : la présence du survivant des père et mère empêchera d'ordinaire qu'ils puissent avoir un intérêt contraire à celui de l'enfant.

Passons aux autres conditions exigées par l'art. 197.

2° Il faut que les père et mère aient joui de la possession d'état d'époux.

3° Il faut que l'enfant ait la possession d'état d'enfant légitime.

Suivant l'art. 15 du projet définitif du conseil d'état, l'enfant était tenu d'établir cette double possession d'état soit par des actes authentiques, soit par des actes privés émanés de ceux qui contestaient son état. Cette disposition fut rejetée

et avec raison : les faits qui constituent la possession d'état sont généralement des faits qui
ne peuvent se prouver que par témoins.

4° Il faut que la possession d'état d'enfant légitime ne soit pas contredite par l'acte de naissance.

Autrefois on exigeait que l'acte baptistaire de
l'enfant fût conforme à la possession ; suivant un
amendement présenté par Portalis et adopté par
le conseil d'État, l'enfant devait présenter son
acte de naissance, la légitimité s'établissait au
moyen de l'acte de naissance appuyé de la possession d'état. C'était une sorte de contradiction :
l'enfant était dispensé de représenter l'acte de
célébration du mariage de ses père et mère, parce
qu'il pouvait légitimement ignorer le lieu de la
célébration ; et l'on exigeait qu'il produisît son
acte de naissance, sans réfléchir qu'il pouvait
aussi bien ignorer le lieu de sa naissance. La rédaction définitive de l'article a fait justice de cette
inconséquence : il suffit que l'acte de naissance
ne contredise point la possession d'état. D'où
nous concluons : 1° que l'enfant n'a ici aucune
preuve à faire, il n'est pas tenu de rapporter l'acte
de naissance ; 2° que si l'acte de naissance est
produit soit par lui, soit contre lui, il n'est pas
nécessaire que cet acte le qualifie d'enfant légitime ; la loi demande seulement qu'il ne soit
point qualifié d'enfant naturel.

Il nous reste à déterminer les effets de l'art. 197

« *La légitimité des enfants ne peut être contestée
sous le seul prétexte du défaut de représentation
de l'acte de célébration.* »

Le concours des quatre conditions exigéespar
l'art. 197 prouve la légitimité de l'enfant, et par
suite le mariage des père et mère. En ce qui concerne spécialement la preuve du mariage, le concours de ces quatre conditions équivaut exactement à la production de l'acte de célébration. De
là les deux conséquences suivantes :

1° Le mariage prouvé par la présentation de titre
peut être attaqué pour défaut de consentement,
bigamie, impuberté ou tout autre vice de fond ;
à *fortiori* en sera-t-il de même, si la preuve s'en
fait conformément à l'art 197? Cet article facilite
la preuve du mariage, mais n'en assure point la
validité.

2° La présomption de célébration, que la loi attache au concours de nos quatre conditions, est
une présomption absolue ; l'adversaire n'est pas
admis à démontrer que la célébration n'a pas eu
lieu, ou qu'elle a été entachée d'irrégularité ; les
tribunaux devraient refuser de l'écouter, alors
même qu'il produirait à l'appui de son allégation
une acte de célébration irrégulier. L'enfant en
effet doit être dans la position où il serait, s'il se
présentait l'acte de célébration en main ; et devant la production d'un acte régulier, tout acte
irrégulier devrait être écarté.

Cette manière de voir a été contestée ; suivant
quelques auteurs, lorsqu'un acte irrégulier est

produit, l'art. 197 ne peut recevoir son application ; d'une part en effet nous ne sommes plus
exactement dans les termes de cet article, car il
suppose l'absence de l'acte de célébration ; d'autre
part on conçoit aisément que l'art. 197 n'ait pas
compris cette hypothèse : lorsque l'acte fait défaut,
la loi présume tout à la fois l'existence et la ré-
gularité de la célébration : mais cette présomption s'évanouit d'elle-même devant la production
d'un acte irrégulier.

Cette conclusion ne nous paraît pas fondée ;
alors même que l'acte présenté est irrégulier, rien
n'indique que les père et mère n'aient pas fait ré-
gulariser postérieurement leur union au moyen
d'une célébration nouvelle. Même dans cette hypothèse, la moins favorable de toutes, à présomption de l'art. 197 ne cesse point d'être raisonnable.

Nous avons terminé ce qui concerne la force
probante de la possession d'état en matière de
mariage, occupons-nous des effets de cette possession en matière de filiation.

CHAPITRE II.

DE LA PREUVE DE LA FILIATION PAR LA POSSESSION D'ÉTAT.

Nous devons distinguer à cet égard la preuve de la filiation légitime et la preuve de la filiation naturelle.

§. 1er. — *De la preuve de la filiation légitime par la possession d'état.*

La possession d'état qui ne prouve pas le mariage prouve au contraire la filiation légitime.

Art. 320. « *A défaut de titre, la possession constante de l'état d'enfant légitime suffit.* »

Le projet de l'article était conçu en ces termes : « *Si les registres sont perdus ou s'il n'en a point été tenu, la possession constante de l'état d'enfant légitime suffit.* » La preuve par la possession d'état n'était admise que dans les cas où l'art. 46 autorise l'emploi de la preuve testimoniale. Une doctrine plus large a prévalu lors de la rédaction définitive.

La loi fait ici de la présomption naturelle qui résulte de la possession une présomption légale : sur quoi se fonde cette disposition ? Pourquoi la loi qui en matière de mariage se montre si défiante à l'égard de la possession d'état, lui reconnaît-elle en matière de filiation légitime une force probante si considérable ?

Observons qu'à l'inverse de ce qui se produit pour le mariage l'enfant ne se crée point à lui-même sa propre possession d'état, il la tient de ses père et mère, c'est-à-dire de ceux-là mêmes qui pécuniairement sont les plus intéressés à méconnaître sa filiation. Lorsque deux époux ont constamment élevé et entretenu un enfant comme étant le leur, lorsque toujours ils l'ont présenté comme tel dans la famille et dans la société, lors enfin qu'ils ont rempli à son égard tous les devoirs que la nature et la loi imposent aux père et mère, comment croire que cet enfant ne soit pas en effet leur propre enfant ? Dans quel but se seraient-il imposés au profit d'un étranger d'aussi lourdes charges ?

On objecte que de la part des père et mère la possession d'état constitue un aveu tacite, et l'aveu n'est pas reçu en matière d'état. Mais pourquoi en matière de filiation la loi se défie-t-elle de l'aveu exprès ? L'aveu exprès est un acte passager qui peut résulter d'un entraînement irréfléchi ou qui peut dissimuler certaines fraudes : la loi craint surtout qu'il ne cache une adoption irrégulière. Mais lorsque l'aveu s'est produit dès la naissance de l'enfant, et qu'il s'est constamment manifesté depuis lors par des actes mille fois répétés, comment redouter le péril dont nous venons de parler? L'aveu ne surgit point subitement pour les besoins de la cause. Sans doute la possession d'état pourra dans certains cas se trouver mensongère, mais ces cas seront si rares que la loi a dû écarter toute appréhension d'un danger aussi chimérique.

Rappelons aussi que de droit commun l'enfant devrait être admis à prouver sa filiation par tous les moyens qui sont en son pouvoir : la loi qui limite pour lui cette faculté (art. 323), ainsi que nous l'avons vu précédemment, a dû lui offrir, dans la possession d'état, un moyen simple et commode de suppléer au titre qui peut lui faire défaut.

En quoi consiste la passession d'étatd'enfant légitime?

Art. 321 : « *La possession d'état s'établit par une réunion suffisante de faits qui indiquent le rapport de filiation et de parenté entre un individu, et la famille à laquelle il prétend appartenir.* »

« *Les principaux de ces faits sont :*

« *Que l'individu a toujours porté le nom du père auquel il prétend appartenir;*

« *Que le père l'a traité comme son enfant et a pourvu en cette qualité à son éducation, à son entretien et à son établissement; qu'il a été reconnu cons-*

tamment pour tel dans la société ; qu'il a été re-
connu pour tel dans la famille. »

Ces faits sont seulement les principaux : la loi
n'exclut point les autres, et inversement elle n'e-
xige point qu'ils se trouvent tous réunis. La question se réduit pour les tribunaux à une question
d'appréciation, leur décision ne saurait donner
prise à la critique de la Cour de cassation.

Sur certains points cependant la loi limite cette
faculté d'appréciation · ainsi elle veut que la possession d'état soit *constante* (art. 320). *Constant*
ne veut point dire ici certain, incontesté : la possession d'état doit être certaine, c'est évident ; et
d'autre part il n'est pas nécessaire qu'elle soit
incontestée ; des adversaires de mauvaise foi peuvent toujours nier l'évidence. *Constant* signifie
ici continu, suivi, sans lacunes : cette expression
répond aux termes de l'art. 321 : « *qu'il ait tou-*
jours porté le nom du père », « *qu'il ait été cons-*
tamment reconnu comme tel... » « La possession
« d'état, disait l'ancien Deniart (t. III, sur le
« mot possession d'état, note A), est la notoriété
« qui résulte d'une *suite non interrompue* d'actes...»

L'enfant à sa naissance ne reçoit pas le nom du
père, il est renié par la famille ou traité comme
un enfant naturel : plus tard il acquiert la possession d'état d'enfant légitime : cette possession
n'est pas constante, il ne peut s'en prévaloir :
autrement rien ne serait plus facile que d'éluder
les règles prescrites pour l'adoption.

La possession d'état au contraire a commencé

lors de la naissance de l'enfant, elle a duré un
certain temps, puis l'enfant a disparu Pourra-
t-il invoquer dans la suite, à l'effet d'établir sa
filiation, la possession d'état dont il a joui durant
ses premières années? Nous serions assez disposés à lui reconnaître ce droit, pourvu que la possession d'état primitive fût parfaitement établie
et qu'il n'y eût aucun doute sur l'identité du réclamant avec l'enfant qui a joui de cette possession ; pourvu aussi qu'on ne pût lui opposer des
faits postérieurs destructifs de cette possession,
par exemple une seconde possession d'état contraire à la première.

La possession d'état doit être constante : est-il
nécessaire qu'elle existe simultanément et indivisément à l'égard des deux parents?

Observons d'abord que le texte de l'art. 321
qui parle uniquement du père n'a rien de limitatif : si le Code parle du père, c'est que l'enfant a
dû recevoir son nom, c'est que d'ordinaire aussi
c'est le père qui se charge de l'entretien et de l'é-
ducation.

Revenons maintenant à la question que nous
nous sommes posée. Lorsque les père et mère
vivent ensemble, il est évident que la possession
d'état n'existe qu'autant qu'elle se rattache à
l'un et à l'autre, elle est nécessairement indi-
vise.

Mais les père et mère sont séparés, l'un d'eux
garde l'enfant avec lui et le traite en enfant légitime : n'est-il pas vrai que la possession d'état

existe à l'égard de l'un des parents sans exister à l'égard de l'autre? N'avons-nous pas un exemple véritable de possession divise?

Nous n'acceptons pas cette manière de voir : aux termes de l'art. 321 l'enfant doit être reconnu comme enfant légitime par la famille, il s'agit de la famille paternelle et de la famille maternelle tout à la fois, l'expression comprend au même titre l'un et l'autre des père et mère. D'ailleurs qui dit enfant légitime, dit enfant de deux époux: la possession d'état d'enfant légitime doit donc exister à l'égard des deux parents.

Ce qui nous confirme encore dans cette opinion, c'est l'embarras dans lequel se trouvent placés les auteurs qui admettent la possession d'état divise, lorsqu'il s'agit d'en déterminer les effets. La possession d'état, suivant eux, peut se produire à l'égard d'un seul des père et mère : quelles seront vis-à-vis de l'autre les conséquences de cette possession? Si c'est le père qui a traité l'enfant en enfant légitime, l'espèce est éminemment favorable, on ne fera pas grande difficulté pour conclure de la paternité à la maternité légitime. L'espèce contraire est plus délicate : c'est la mère qui a gardé et élevé l'enfant : la possession d'état qui existe à son égard suffit-elle pour établir la paternité du mari? La Cour de Toulouse s'est prononcée pour l'affirmative (4 juin, 1842) : ce système est assez logique ; la maternité légitime une fois établie, la présomption de l'art. 312 doit recevoir son application. M. Bonnier, qui d'abord

avait professé la négative, s'est rallié depuis à la
doctrine de la Cour de Toulouse : « mais par cela
« seul, ajoute-t-il, que la possession d'état justi-
« fiée vis-à-vis de la mère seule a de pareilles con-
« séquences, les tribunaux, on doit l'avouer, ne
« l'admettront que bien difficilement. »

(*Traité des preuves*, 3ᵉ édit. tome I. p. 260).

Comment s'établit la possession d'état? Par
toute espèce de preuves, par témoins ou simples
présomptions, qu'il y ait ou non commencement
de preuve par écrit. L'art. 323, qui exige un commencement de preuve par écrit, l'exige seulement
« *à défaut de titre ou de possession d'état constante.*»
Dans le cas prévu par l'art. 323, ce qu'il faut
prouver, c'est l'accouchement de la femme, ce
qui sera parfois délicat et difficile : ici au contraire l'enquête portera sur des faits publics et no-
toires.

L'adversaire emploiera pour contester l'existence de la possession d'état tel moyen que bon
lui semblera, soit qu'il repousse les faits allégués,
soit qu'il tende à les faire considérer comme in-
suffisants, soit qu'il s'attache à démontrer l'existence d'une possession d'état contraire à l'égard
du même individu.

La possession d'état est établie : que prouve-
t-elle? Elle fait preuve tout à la fois de l'accouchement et de l'identité : c'est en quoi elle est plus
efficace que l'acte de naissance qui établit seulement l'accouchement.

Elle prouve de plus la paternité : nous avons vu

en effet qu'elle devait exister indivisément à l'é-
gard des deux époux, elle contient donc implicite-
ment une renonciation du mari au droit de désaveu.
Ajoutons même qu'après l'expiration du temps
nécessaire pour constituer la possession d'état,
les délais, dans lesquels cette action est enfermée,
seront depuis longtemps écoulés.

La possession d'état ne prouve pas par elle-
même le mariage des père et mère, c'est un point
qui a dû être établi au préalable. Rappelons seulement que dans le cas particulier que prévoit
l'art. 197, la possession d'état d'enfant légitime
concourt à la preuve du mariage.

La loi fait ici de la présomption qui résulte
de la possession une présomption légale : mais
cette présomption n'est pas absolue. L'adversaire pourra la faire tomber en produisant un
acte de naissance qui attribue à l'enfant une
filiation différente ; car si la possession d'état
suffit aux termes de l'art. 320, c'est seulement
à défaut de titre : et en cas de concours entre
le titre et la possession d'état, le titre l'emporte.
Ou bien il cherchera à montrer que les époux
n'ont jamais eu d'enfants, ou s'ils en ont eus,
qu'ils sont tous décédés. Ou bien encore il établira que la naissance de l'enfant est antérieure
à la célébration du mariage des père et mère,
la possession d'état perdra ainsi toute valeur,
car, suivant nous du moins, elle ne prouve ni
la filiation naturelle, ni la filiation légitimée.

Dans un cas seulement la présomption qui

résulte de la possession d'état devient absolue : l'art. 322 nous apprend en effet que la filiation prouvée par un titre et une possession d'état conforme ne peut plus être contestée.

La possession d'état prouve la filiation légitime ; prouve-t-elle également la filiation naturelle ? C'est la question que nous allons examiner dans le paragraphe suivant.

§ II. *De la preuve de la filiation naturelle par la possession d'état.*

Le Code, qui traite expressément des effets de la possession d'état en matière de mariage et de filiation légitime, n'en dit pas un mot dans le chapitre qu'il consacre à la filiation naturelle : comment devons-nous interpréter ce silence ?

Quelques auteurs ont cru pouvoir rendre compte de cette lacune apparente par le défaut d'importance de la question, du moins en ce qui concerne la paternité naturelle. « Dans l'état
» d'incertitude où l'on est presque toujours sur
» la paternité naturelle, disent MM. Ducaurroy,
» Bonnier et Roustain (t. I, n° 449), la posses-
» sion d'état n'est réellement qu'une exception :
» c'est l'abandon qui est la règle générale ;
» c'est une triste vérité sans doute, mais elle
» justifie le législateur qui n'a pas dû statuer
» pour des cas exceptionnels. »

De même M. Bonnier : « Nous ne verrions
» dans une innovation qui se bornerait à ad-
» mettre la constatation de la possession d'état
» vis-à-vis du père, *si rare dans la pratique,*
» qu'un replâtrage sans valeur et sans effica-
» cité. » (*Traité des preuves,* n° 144).

Il est certain que l'on voit rarement un homme
recueillir et élever comme sien, sans le concours
de la mère, un enfant né hors mariage : le fait
est des plus fréquents au contraire lorsque les
père et mère continuent à vivre ensemble. On
rencontre souvent des unions illicites, de faux
ménages, qui affichent tous les dehors d'une
famille régulière ; les parents vivent en époux,
ils élèvent et entretiennent les enfants comme
des enfants nés du mariage : n'est-il pas vrai
qu'il se forme ainsi au profit des enfants, à
l'égard du père comme à l'égard de la mère, une
véritable possession d'état d'enfants naturels ?
Quels seront les effets de cette possession ? Les
enfants pourront-ils s'en prévaloir pour établir
leur filiation ?

Souvent aussi il arrivera qu'après le décès
des père et mère qui l'ont reconnu l'enfant ne
pourra produire l'acte de reconnaissance, faute
de connaître le lieu où cet acte a été rédigé :
pourra-t-il, comme l'enfant légitime, suppléer
au titre qui lui manque au moyen de la possession d'état ?

L'intérêt pratique de la question nous semble
manifeste même en ce qui concerne la paternité :

voyons maintenant comment il convient de la résoudre.

Sur ce point trois doctrines principales se sont fait jour. Suivant les uns la possession d'état ne prouve jamais la filiation naturelle. Suivant les autres elle la prouve toujours, du côté du père comme du côté de la mère. Suivant d'autres enfin elle prouve la maternité, mais non la paternité.

Écartons d'abord cette dernière opinion qui, bien qu'elle ait pour elle l'autorité de plusieurs auteurs et un assez grand nombre d'arrêts, nous paraît facile à réfuter.

Sur quoi se fonde en effet la distinction proposée ? La possession d'état ne prouve pas la paternité, dit-on, parce qu'aux termes de l'art. 340, la recherche de la paternité est interdite ; elle prouve la maternité, parce qu'aux termes de l'art 341 la recherche de la maternité est admise. (Delvincourt, I, p. 90 ; Prudhon, t. II, p. 143 ; Duranton, t. III, n° 238 ; Ducaurroy, Bonnier et Roustain, t. I, n° 399.)

Mais si l'on veut opposer ainsi l'un à l'autre les deux articles 340 et 341, il n'est point permis d'isoler le premier paragraphe de l'art. 341 des paragraphes suivants. Il faut prendre l'article dans son ensemble, et, considéré dans son ensemble, cet article nous apprend que la recherche de la maternité est admise lorsqu'il y a commencement de preuve par écrit. Dès lors de deux choses l'une : ou bien la preuve par la possession d'état constitue une recherche, et d'une part la possession d'état ne prouve jamais la paternité, d'autre part elle ne prouve la maternité qu'autant qu'il y a commencement de preuve par écrit ; ou bien elle ne constitue point une recherche, les art. 340 et 341 n'ont pas trait à la question, et la distinction fondée sur le rapprochement de ces articles s'évanouit d'elle-même.

Les deux autres systèmes demeurent en présence : c'est entre eux qu'il nous faut choisir. Mais avant de rechercher lequel des deux répond le mieux à l'esprit et au texte du Code, examinons quelle peut être à l'égard de la filiation naturelle la valeur théorique de la preuve par la possession d'état. D'ordinaire en effet les partisans de ce mode de preuve commencent par en établir l'excellence, et ils se servent ensuite de cette démonstration pour résoudre tous les doutes en leur faveur.

Cette démonstration se fait aisément, soit que l'on compare comme moyen de preuve la possession d'état à l'acte de reconnaissance ; soit que l'on tienne compte des effets de cette possession en matière de filiation légitime ; soit enfin que l'on considère les motifs qui ont fait proscrire la recherche de la paternité et limiter la recherche de la maternité.

La possession d'état d'enfant naturel constitue de la part des père et mère un aveu de la filiation, aveu tacite à la vérité, mais infiniment plus énergique que l'aveu qui résulte de l'acte de

reconnaissance. La reconnaissance expresse a
pu être surprise par fraude ou par obsession : la
possession d'état est une reconnaissance continue
et permanente dont la sincérité et la liberté ne
sauraient être suspectes. L'existence du titre
peut être secrète : la possession d'état est un
aveu public qui se produit à la face de la société.
Le titre n'établit point par lui-même l'identité
du réclamant : la possession d'état établit à la
fois la filiation et l'identité. Si donc la reconnaissance expresse prouve la filiation naturelle,
la reconnaissance tacite qui résulte de la possession d'état doit la prouver à plus forte raison.

D'après l'art. 320 la possession d'état suffit
pour établir la filiation légitime *à fortiori* :
encore suffira-t-elle pour établir la filiation
naturelle, car « pour accomplir les devoirs
» qu'impose la nature, il a fallu se mettre au
» dessus du blâme de l'opinion, souvent plus
» sévère pour le scandale que pour la faute
» même. » (Bonnier, *des Preuves* , t. I, p. 292).

Enfin pourquoi la loi a-t- elle interdit la recherche de la paternité naturelle? D'une part
elle a pensé que le résultat serait toujours incertain; d'autre part elle a redouté le scandale. Mais
s'agit-il ici d'établir un fait incertain ou scanda-
leux? Il faut montrer que le réclamant a joui de
la possession d'état d'enfant naturel, c'est-à-
dire, qu'il a été élevé et présenté comme tel par
celui qu'il recherche pour père.

Pourquoi la loi a-t-elle restreint la recherche

de la maternité naturelle? C'est encore le scandale qui lui a fait peur : et cependant, dès qu'il y a commencement de preuve par écrit, elle autorise la recherche. Ainsi voilà une femme qui a dissimulé la naissance de son enfant, qui a fait disparaître tous les indices qui plus tard pourraient mettre sur la trace de sa filiation : et il suffit que le réclamant ait un commencement de preuve par écrit, pour qu'il puisse rechercher un fait aussi difficile à constater et couvrir de honte la mère qui avait si soigneusement caché sa faute. Peut-on hésiter ensuite à admettre *de plano* un mode de preuve qui tend uniquement à faire constater en justice un fait notoire et manifeste, dont la publicité est l'œuvre de la mère elle-même, ce fait qu'elle a constamment présenté l'enfant comme sien dans la famille et dans la société ?

On oppose un argument tiré du mot *famille* : la possession d'état, suivant l'art. 321, doit exister vis-à-vis de la famille : l'enfant naturel, même reconnu, n'a point de famille, car la reconnaissance le rattache uniquement à ses père et mère : donc il ne peut être question pour lui de possession d'état (Cour de Lyon, 20 avril, 1853). Mais évidemment on joue sur les mots ; à défaut de famille légitime, l'enfant a une famille naturelle, et cela nous suffit.

Les considérations qui précèdent nous paraissent des plus sérieuses ; nous ajouterons dans le même sens que pour les familles peu lettrées chez qui se rencontre difficilement un commencement de preuve par écrit, la règle restrictive de l'art. 341 équivaut à une prohibition absolue : et ce serait sans doute se conformer à l'esprit de la loi que de les autoriser à suppléer au moyen de la possession d'état à l'écrit qui leur fait défaut.

Toutefois si ces différentes considérations sont propres à montrer l'excellence de la preuve de la filiation naturelle par la possession d'état, elles ne nous apprennent pas si en fait le Code permet ou interdit l'emploi de ce mode de preuve. Assurément, si nous trouvons dans les textes des raisons puissantes de douter, si nous rencontrons dans l'un et l'autre sens des argumens de même force, la valeur théorique de la preuve par la possession d'état nous invitera à faire pencher la balance en sa faveur : mais est-il vrai que l'examen de la question doive nous laisser indécis ? C'est ce qu'il nous faut examiner.

La controverse n'est pas très-ancienne : on convenait autrefois que la possession d'état ne prouve pas la filiation naturelle, au moins la paternité, car le système mixte que nous avons écarté en premier lieu a compté de tout temps quelques partisans. C'est M. Demolombe qui le premier a soulevé la discussion, il s'est prononcé en faveur de la preuve par la possession d'état, et a développé son opinion avec un grand talent. Quelques-uns de nos interprètes les plus éminents, tels que MM. Valette et Oudot, se sont ralliés à la même doctrine ; plusieurs même ont étendu l'application de cette théorie jusqu'à la filiation adultérine ou incestueuse. La jurisprudence n'a jamais admis bien pleinement cette manière de voir, mais elle suit un système singulier qui s'en rapproche par certains côtés.

Les arguments que l'on invoque dans cette discussion se rapportent à deux ordres d'idées bien distincts. D'une part on se demande s'il est vrai que la loi garde le silence sur ce point et si la par la possession d'état ne rentre point dans la recherche de la filiation dont s'occupent les art. 340 et 341. D'autre part, quand on admet que la loi est réellement muette sur la question, on s'efforce d'interpréter ce silence dans un sens ou dans l'autre, et l'on tire parti à cet effet soit de la suite et de la combinaison des textes, soit des travaux préparatoires et de la législation antérieure au Code.

Voyons d'abord s'il est vrai que la loi garde le silence sur ce point : la preuve par la possession d'état n'est-elle point comprise dans la recherche de la filiation, et n'est-elle point soumise à ce titre aux dispositions restrictives des art. 340 et 341 ?

Suivant les partisans de ce mode de preuve, la possession d'état est une reconnaissance tacite, qui, de même que la reconnaissance expresse, exclut toute idée de recherche. Quand un enfant se présente l'acte de reconnaissance en main, on ne dit pas qu'il recherche sa filiation : il en est de même quand il invoque la possession d'état. Ses père et mère ont pris soin de se faire connaître, il demande que l'on prenne acte de leur aveu. Sa filiation est coastante. il la possède : et l'on ne recherche pas ce que l'on possède.

L'analogie que l'on prétend établir ainsi entre la reconnaissance expresse qui résulte du titre et la reconnaissance tacite qui résulte de la possession d'état, ne nous paraît pas bien fondée. Celui qui présente le titre ne recherche rien, parce qu'il n'a rien à prouver ; le titre est un acte authentique qui fait foi par lui-même ; la preuve contraire est à la charge de l'adversaire. Au contraire, lorsque l'enfant invoque la possession d'état, l'adversaire peut toujours contester l'existence de cette possession, et la preuve est à la charge de l'enfant. La preuve par la possession d'état implique ainsi la nécessité d'une enquête. c'est une recherche dans le sens général du mot, c'est par quoi ce mode de preuve se distingue profondément de la preuve qui résulte du titre.

Devons-nous conclure de là que la preuve par la possession d'état constitue une recherche dans le sens où prennent ce mot les art. 340 et 341 ? Nous ne le pensons pas davantage.

La loi ne nous dit pas expressément ce qu'elle entend par une recherche : mais le texte même de l'art. 341 nous montre dans quel sens doit être conçue la définition de ce mot. Aux termes de cet article l'enfant qui recherche sa mère doit « *prouver qu'il est identiquement le même que celui dont elle est accouchée* » : n'est-ce pas dire clairement que la recherche aura pour objet la constatation directe

des faits qui constituent la filiation, l'accouche
ment et l'identité? De même, lorsque l'art. 340
autorise la recherche de la paternité dans le cas
d'enlèvement, n'est-il pas vrai que la preuve testimoniale devra porter directement sur les rapports qui auront dû exister entre la mère et le
ravisseur à l'époque de la conception?

Il y a recherche dans le sens où prennent ce mot
les art. 340 et 341, lorsque la preuve testimoniale
s'applique directement aux faits qui constituent
la filiation : et ainsi entendue, la recherche n'a
rien de commun avec la preuve par la possession
d'état, qui est une preuve par présomption.

La correspondance que la loi paraît établir
entre l'art. 323 d'une part et l'art. 341 de l'autre
conduit à la même manière de voir.

On objecte que si la preuve par la possession
d'état n'est pas une recherche, la prohibition de
l'art. 342 qui défend la recherche de la filiation
adultérine ou incestueuse ne s'étend pas à ce
mode de preuve. C'est notre avis, et nous croyons
que si la possession d'état prouve la filiation naturelle simple, elle doit prouver au même titre la
filiation adultérine ou incestueuse : c'est en vain
que M. Demolombe s'efforce d'échapper à cette
conséquence logique de sa propre doctrine, qui
en est précisément la condamnation.

La preuve par la possession d'état, suivant
nous, n'est pas une recherche dans le sens des art.
340 et 341 : ces articles ne préjugent en rien la
question qui nous occupe, et le Code garde véri-

tablement le silence sur ce point : voyons comment doit s'interpréter ce silence.

Lorsqu'en matière de filiation légitime la loi nous dit qu'à défaut de titre la possession d'état suffit, elle fait de la présomption naturelle qui résulte de la possession une présomption légale. La preuve par la possession d'état est donc une preuve par présomption légale : mais les présomptions légales ne peuvent être invoquées qu'autant qu'elles sont expressément écrites dans la loi, c'est ce qui n'a pas lieu ici : donc la possession d'état ne prouve pas la filation naturelle.

Le silence de la loi d'ailleurs ne peut tenir à un oubli : à l'égard de la filiation légitime, la loi détermine trois modes de preuve : le titre, la possession d'état et le témoignage , à l'égard de la filiation naturelle, elle en indique deux : le titre et le témoignage. N'est-ce pas montrer clairement qu'elle a entendu exclure le troisième ?

M. Demolombe n'admet pas cette conclusion (t. III, p. 514-534). Lorsque la loi veut écarter la preuve par la possession d'état, dit-il, elle s'en explique formellement : c'est ce qu'elle a fait pour le mariage (art. 195). Mais nous savons qu'autrefois la possession d'état avait une grande influence sur la preuve du mariage : on comprend que le Code ait cru devoir s'expliquer expressément sur ce point.

M. Demolombe s'appuie sur la suite et l'agencement des chapitres II et III de notre titre. Si la loi, dit-il, a traité dans deux chapitres distincts

la preuve de la filiation légitime et la preuve de
la filiation naturelle, nous n'avons pas le droit
d'en conclure que les dispositions qui régissent
ces deux preuves soient absolument dissem-
blables. La loi a voulu les soumettre l'une et
l'autre tantôt à des règles communes, tantôt à
des règles différentes : dès lors comment s'y est-
elle pris ? Elle a placé dans le chapitre II, 1° les
dispositions propres à la filiation légitime; 2° les
dispositions communes, aux deux espèces de filiation ; le chapitre III contient les dispositions propres à la filiation naturelle : en ce qui concerne
les dispositions communes la loi renvoie au chapitre précédent. Lors donc que sur un point elle
garde le silence dans le chapitre III, nous devons
nous reporter aux règles déjà données sur le même
point dans le chapitre II. C'est ainsi qu'on applique sans hésiter à la filiation naturelle les
dispositions des art. 326-330 : qui nous empêche
d'y appliquer au même titre les dispositions des
art. 320 et 321 ?

On pourrait objecter en premier lieu que les
auteurs ne sont pas tous d'accord pour étendre à
la filiation naturelle les règles contenues dans les
art. 326 330 : mais prenons ce point pour accordé, admettons que les lacunes du chapitre III
de notre titre doivent se combler à l'aide des dispositions écrites dans le chapitre précédent : est-
il bien exact de dire qu'il y ait lacune sur le point
qui nous occupe ? Lorsque la loi néglige de dire
devant quels tribunaux le réclamant devra porter

son action, dans quels cas cette action sera ou ne sera pas prescrite, on comprend que l'on voie dans cette omission une lacune véritable et que l'on songe à emprunter pour la remplir les règles données au chapitre II. Mais la loi détermine avec soin les modes de preuves dont on pourra faire usage en matière de filiation naturelle; elle organise un système de preuve complet, qui forme un tout, et se suffit à lui-même : ce système ne présente aucune lacune, nous n'avons pas le droit d'aller chercher ailleurs des dispositions destinées à l'élargir ou à le restreindre.

Le texte même de l'art. 320 ne se prête nullement à l'extension proposée : « *A défaut de titre, la possession constante de l'état d'enfant légitime suffit.* » Il ne s'agit point de la possession d'état d'enfant en général, l'article parle exclusivement de la possession d'état d'enfant légitime.

La suite et la disposition des textes nous paraissent peu favorables à la doctrine que nous combattons. M. Demolombe est-il plus heureux lorsqu'il invoque des arguments historiques?

La loi qui réglait la matière avant la promulgation du Code était la loi du 12 brumaire an II; l'art. 8 de cette loi interdisait la recherche de la paternité et ce même article permettait la preuve de la paternité par la possession d'état.

Les deux idées ne s'excluent donc point, s'écrie M. Demolombe; la preuve de la filiation naturelle par la possession d'état était en usage avant le

Code, le Code ne l'a pas expressément supprimée, donc elle existe encore.

Mais observons que la seconde disposition de l'art. 8 s'appliquait uniquement aux enfants dont les père et mère étaient décédés avant la promulgation de la loi : cette disposition en d'autres termes était transitoire et exceptionnelle : ce qui montre bien qu'en principe la loi de brumaire n'autorisait point la preuve de la filiation naturelle par la possession d'état. L'argument se retourne contre ceux qui l'ont invoqué.

L'examen des travaux préparatoires prête davantage à la controverse parmi les rédacteurs du Code. quelques-uns voyaient avec faveur la preuve par la possession d'état, les autres y étaient contraires; on trouve les traces des deux opinions opposées, la discussion fournit donc des arguments dans l'un et l'autre sens.

D'après le projet primitif de l'art, 341 l'enfant naturel ne pouvait rechercher sa mère, s'il n'avait un commencement de preuve par écrit ou une possession d'état constante : la possession d'état constante suppléait ainsi au commencement de preuve par écrit. Portalis combat ce projet : il dit « que la possession constante est une » preuve complète de l'état. En général, toutes » les fois que l'on jouit de son état constamment, » publiquement et sans trouble, on a le plus puis- » sant de tous les titres Il serait donc absurde » de présenter la possession constante comme » un simple commencement de preuve, puisque

» cette sorte de possession est la plus naturelle
» et la plus complète de toutes les preuves. »
(Fenet, t. X, p. 78.)

Portalis était certainement favorable à la
preuve par la possession d'état, et les partisans de
ce mode de preuve ne manquent jamais de reproduire la citation qui précède. Mais il faut citer le
passage tout entier, voici en effet ce qui suit immédiatement le fragment que nous venons de rapporter :

« Des faits de possession isolés, passagers et pu-
» rement indicatifs peuvent n'être qu'un com-
» mencement de preuve, mais il y a preuve en-
» tière, lorsqu'il y a possession constante. »

Ce paragraphe nous révèle l'intention véritable
de Portalis : il ne demandait pas que l'on s'expli-
quât sur la force probante de la possession d'état,
sur ce point il ne faisait qu'exprimer accidentelle-
ment son opinion : ce qu'il voulait, c'était que
l'on admît à titre de commencement de preuve les
faits de possession isolés, passagers et purement
indicatifs. Et l'on fut loin de faire droit à son observation : on biffa la fin du projet, et l'on rejeta
tout à la fois comme commencement de preuve et
la possession d'état proprement dite et les faits de
possession isolés et passagers.

Dans une séance postérieure? on discutait le
projet de l'art. 336 conçu en ces termes : « *la
reconnaissance du père, si elle est désavouée par la
mère, sera de nul effet.* » MM. de Portalis, Cam-
bacérès et Berlier demandèrent que la possession

d'état constante vis-à-vis du père suffit pour faire tomber le désaveu de la mère : mais aucun d'eux ne prétendit faire de cette possession un mode de preuve direct de la paternité, ce que M. de Portalis n'eût pas manqué de proposer, si ses premières insinuations relatives à la preuve de la maternité n'avaient rencontré une aussi complète indifférence. (Fenet, X, p. 113.)

On cite encore une observation du ministre de la justice dans la séance du 26 brumaire an X. On examinait le projet de l'art. 340 : *« la loi n'admet pas la recherche de la paternité non avouée. »* « Le » ministre de la justice pense qu'il est nécessaire » d'expliquer ces mots de l'article · *la paternité* » *non avouée* ils semblent ne faire résulter l'aveu » que d'une reconnaissance sur le registre public, » et cependant cet aveu peut résulter encore d'é-» crits privés et d'autres circonstances. M. Boulay, » rédacteur du Titre, a dopte l'amendement » (Fe-» net, X, p. 17.)

Cette observation du ministre, qui n'a rencontré aucune opposition, montre bien, dit-on, qu'à défaut de reconnaissance expresse, la preuve de la paternité peut résulter d'un aveu tacite, c'est-à-dire de la possession d'état.

Mais observons que le langage du ministre peut s'interpréter tout différemment : n'a-t-il pas voulu dire en effet que le texte était ambigu et pouvait faire supposer, contrairement au système admis, que l'aveu tacite suffisait pour prouver la paternité ? Ce qui est certain, c'est que les rédacteurs l'ont entendu de la sorte : car après avoir accepté l'amendement, ils ont substitué au texte ambigu de l'article les deux paragraphes suivants : « *la recherche de la paternité est interdite)* » art. 340); « *la reconnaissance d'un enfant naturel se fera par acte authentique* (art. 334).

L'exposé des motifs de M. Bigot-Préameneu qui termine la discussion s'exprime formellement dans notre sens.

« *Elle* (la paternité) *ne pourra être établie con-* « *tre le père que par sa propre reconnaissance ;* et « encore faudra-t-il, pour que les familles soient, « à cet égard, à l'abri de toute surprise, que cette « reconnaissance ait été faite *ou par l'acte de ma-* « *riage ou par acte authentique.* La loi proposée « admet une seule exception.... »(Fenet, X, p. 155.)

Il est difficile de rencontrer un langage plus net et plus précis : et bien qu'une maladie grave ait tenu M. Bigot-Préameneu éloigné des premières séances de la discussion, il est incontestable qu'en sa qualité de rapporteur, il devait être parfaitement initié à la pensée des rédacteurs (Baret, *De la preuve de la filiation naturelle,* p. 309-314).

Ainsi, que l'on considère la nature même de la preuve par la possession d'état, que l'on tien ne compte de la suite et de l'agencement des textes, que l'on examine la législation antérieure ou les travaux préparatoires, on arrive toujours à la même conclusion : la possession d'état ne prouve pas la filiation naturelle.

Il nous reste à dire quelques mots du système singulier que la jurisprudence suit d'ordinaire en cette matière, et qui n'est pas l'un des côtés les moins curieux de cet important débat.

La doctrine de la jurisprudence peut se résumer en deux mots : l'acte de naissance qui désigne la mère, prouve l'accouchement, bien qu'il ait été rédigé sans le concours de la mère ; la possession d'état prouve l'identité.

Différentes cours avaient proposé une distinction : l'acte de naissance ne prouvait pas l'accouchement contre la mère, mais il le prouvait contre les tiers, si la mère ou ses ayants cause n'y contredisaient point (Bordeaux, 19 janv. 1831 ; Caen, 14 mai 1858 ; Paris, 4 février 1867). Depuis 1853, les arrêts de la Cour de cassation ne portent plus trace de cette distinction.

Est-il vrai que l'acte de naissance prouve l'accouchement? La loi qualifie elle-même d'acte de *reconnaissance* le titre qui fait preuve de la filiation naturelle : or, l'acte de naissance qui est rédigé sans le concours de la mère n'implique de sa part aucune reconnaissance, donc il ne prouve pas l'accouchement.

Si, en matière de filiation légitime, la loi fait de l'acte de naissance le mode de preuve régulier de la maternité, c'est qu'il s'agit d'un fait honorable pour la mère et dont les déclarations des tiers peuvent fournir la preuve : la maternité illégitime au contraire déshonore la mère, on ne peut l'imputer à une femme sans son aveu.

On répond que, suivant l'art. 57, celui qui déclare une naissance doit indiquer les noms, prénoms, professions et domicilesdes père et mère : si la loi exige cette indication, c'est qu'elle y attache une certaine utilité.

Cette indication trouve son emploi lorsqu'il s'agit des naissances légitimes : c'est le point de vue auquel s'est placé l'art. 57. Nul ne songe à appliquer au père naturel les termes de cet article : pourquoi vouloir les appliquer à la mère naturelle ?

La jurisprudence cherche des arguments dans le droit pénal : ainsi l'arrêt de rejet du 1er juin 1853, après avoir posé en principe que l'accouchement est un fait susceptible de s'établir par témoins, vise les art. 346 et 345 du Code pénal.

L'art. 346 punit ceux qui ayant assisté à un accouchement n'on pas fait les déclarations prescrites par les art. 55 et 56 du Code civil. Mais les art. 55 et 56 du Code civil s'occupent de la déclaration de la naissance et non de la déclaration de la filiation, et ces deux déclarations sont parfaitement distinctes : on ne voit pas quel secours peut fournir à la jurisprudence l'art. 346 du C. pén. Il eût fallu tout au moins que cet article se référât à l'art. 57 du C. civ. : encore avons-nous vu que l'art. 57 ne tranche en rien la question.

L'art. 345 condamne à la réclusion ceux qui ont supposé un enfant à une femme non accouchée : si la supposition de part est un crime, dit-on, c'est qu'elle peut nuire à la prétendue mère;

l'acte de naissance prouve donc contre elle l'accouchement.

Mais la supposition de part est une sorte de
diffamation qui par elle-même constitue un fait
punissable. De plus, lorsque la naissance est légitime, il est parfaitement certain que l'acte de
naissance peut nuire à la mère et prouver contre
elle l'accouchement: c'est l'hypothèse qu'a en vue
l'art. 345, cet article ne se rapporte en aucune
manière à la filiation naturelle.

Les motifs sur lesquels la jurisprudence essaye
de fonder sa doctrine ne nous paraissent guère concluants : aussi trouvons-nous peu d'auteurs qui
l'aient suivie dans cette voie ; ceux-là mêmes qui
l'ont fait, semblent, pour ainsi dire, s'en excuser :
s'ils dérogent ainsi aux principes, disent-ils, c'est
pour encourager une manière de voir qui assure à
la possession d'état une importance considérable.

« Nous avons apprécié déjà cette jurisprudence,
» *qui peut soulever assurément des objections sé-*
» *rieuses*, écrit M. Demolombe (III, p. 565). Mais
» nous avons constaté en même temps qu'elle
» avait ce résultat précieux que la possession
» d'état devenait ainsi un moyen de preuve de la
» filiation naturelle, à l'effet du moins d'établir
» l'identité de l'enfant, quoiqu'il n'y eût pas de
» commencement de preuve par écrit. Et voilà
» pourquoi nous avons cru devoir nous rattacher
» à cette doctrine nouvelle. » M. Bonnier tient à
peu près le même langage.

M. Valette est plus hardi, non-seulement il ac-

cepte la théorie de la Cour de cassation, mais il
entreprend de l'établir par des arguments qui lui
sont propres. Il s'appuie notamment sur le texte
de l'art. 341 qui, suivant lui, suppose la preuve
de l'accouchement déjà faite. Et en effet, si l'art,
341 suppose déjà faite la preuve de l'accouchement, on ne voit pas que cette preuve ait pu se
faire autrement que par l'acte de naissance. Elle
n'a pu se faire par un titre régulier, l'identité
pourrait s'établir *de plano* par la preuve testimoniale ; ni par la possession d'état, l'identité serait
prouvée du même coup ; ni par témoins, il serait
déraisonnable d'autoriser la preuve par témoins
de l'accouchement, sauf à exiger plus tard un
commencement de preuve pour l'identité. (Valette, Cours, 67-68).

Ce raisonnement serait irréprochable s'il était
vrai que l'art. 341 supposât déjà faite la preuve
de l'accouchement, mais nous avons montré précédemment ce qu'il faut penser de cette interprétation de l'art. 341.

L'acte de naissance, suivant nous, ne prouve
pas l'accouchement illégitime ; mais, en supposant même qu'il en fût ainsi, nous ne voyons pas
comment la possession d'état pourrait prouver
l'identité. En effet, ou bien la possession d'état
prouve la filiation naturelle, et il est inutile de
faire intervenir l'acte de naissance pour établir
l'accouchement ; ou bien elle ne la prouve pas, et
elle ne pourra pas plus établir l'identité que
l'accouchement.

M. Valette allègue qu'il est de principe que les questions d'identité se vérifient par tous les moyens possibles : mais ce serait faire ici bon marché du texte de l'art. 341 (Explic. sommaire, p. 186).

Afin d'échapper à cette difficulté, la jurisprudence s'est jetée dans un certain nombre de subtilités, où nous n'entreprendrons pas de la suivre. Citons seulement l'arrêt de la Cour de cassation du 1ᵉ déc. 1869(Siret, 70. 1, 101) qui paraît faire d'une déclaration de grossesse un commencement de preuve de l'identité.

M. Bonnier a produit en faveur de la force probante de l'acte de naissance de l'enfant naturel une observation qui n'est pas sans intérêt. Il fait remarquer, que, dans la pratique, à Paris du moins, l'officier de l'état civil auquel on déclare une naissance illégitime ne manque jamais d'exiger l'indication du nom de la mère, et l'expérience enseigne que cette indication est presque toujours conforme à la vérité. Peut-être le législateur ferait-il bien de reconnaître à l'acte de naissance de l'enfant naturel la force probante qu'il attribue à l'acte de naissance de l'enfant légitime.

Les législations étrangères ne nous présentent à cet égard aucun exemple bien satisfaisant : la plupart sont muettes sur la question. Nous voyons seulement le Code de Neufchâtel (art. 251) faire de l'indication de la mère naturelle dans l'acte de naissance une présomption légale de maternité ;

le Code autrichien paraît contenir une disposition du même genre.

Les mêmes législations ne nous renseignent guère mieux sur la force probante qu'il conviendrait d'attribuer ici à la possession d'état. Celles qui ont pris notre Code pour modèle gardent sur ce point le même silence : les autres admettent *de plano* l'emploi de la preuve testimoniale, et l'on conçoit qu'elles n'aient pas senti la nécessité de faire de la présomption qui résulte de la possession d'état une présomption légale, puisque le juge a tout pouvoir pour tenir de cette possession tel compte que bon lui semblera (Baret, *De la preuve de la filiation naturelle*, p. 132 et 133).

SECTION II. — *De la preuve du mariage et de la filiation par la présomption qui résulte de l'autorité en matière civile de la chose jugée au criminel.*

Quel est sur ce point le principe du droit commun ?

De nos jours on s'accorde à reconnaître que la chose jugée au criminel a autorité en matière civile. Mais la question jadis a été controversée. Merlin soutenait la possibilité d'invoquer devant la juridiction civile la chose jugée au criminel ; Toullier combattait cette manière de voir. L'un

et l'autre toutefois s'étaient placés sur un terrain
mal choisi, la discussion en effet portait sur
l'application de l'art. 1351, et Toullier n'avait
pas grand peine à montrer que les conditions
exigées par cet article ne se trouvaient pas ici
réunies, car il n'y avait ni identité de parties,
ni identité d'objet. Cependant si l'art. 1351 ne
comprend pas l'hypothèse qui nous occupe, il
ne faut pas non plus y chercher un argument *a
contrario*. Au fond Merlin avait raison : le principe qu'il défendait n'est pas écrit expressément
dans la loi ; mais d'une part nous avons un certain nombre de textes qui l'appliquent à des
espèces particulières et dont il serait impossible
de rendre compte si l'on ne prenait ce principe
pour point de départ (Code civil, art. 198, 727,
261 ; Code d'instruct. crim. art. 463) ; d'autre
part les idées générales du droit nous conduisent
à la même solution. Les tribunaux criminels
statuent sur la vie et l'honneur des individus :
il importe que leurs décisions soient entourées
du respect le plus absolu et qu'elles soient à
l'abri de toute espèce de doute et de contestation :
dès lors il n'est pas admissible que les faits qui
sont constatés par ces décisions puissent de nouveau être mis en question devant une autre
juridiction. Nous ne sommes pas exactement dans
les conditions prévues par l'art. 1351 ; mais les
raisons d'ordre public et de nécessité sociale sur
lesquelles se fonde la disposition écrite dans
cet article, nous obligent à admettre ici une

disposition de même nature : la chose jugée au criminel a autorité en matière civile.

Tel est le principe du droit commun : voyons quelle application reçoit ce principe en matière de mariage et de filiation : une procédure criminelle constate un mariage ou une filiation : quelle est au civil la force probante de cette constatation ?

En matière de mariage la loi consacre le principe ; en matière de filiation, elle y déroge, au moins dans une certaine mesure.

Examinons successivement ces deux propositions.

CHAPITRE PREMIER.

DE LA PREUVE DU MARIAGE PAR LA PRÉSOMPTION QUI RÉSULTE DE L'AUTORITÉ EN MATIÈRE CIVILE DE LA CHOSE JUGÉE AU CRIMINEL.

La règle nous est donnée par l'art. 198 que complètent les deux articles 199 et 200.

Art. 198. « *Lorsque la preuve d'une célébration légale du mariage se trouve acquise par le résultat d'une procédure criminelle, l'inscription du jugement sur les registres de l'état civil assure au mariage, à compter du jour de sa célébration, tous les effets civils tant à l'égard du mariage qu'à l'égard des enfants issus de ce mariage.* »

Art. 199. « *Si les époux ou l'un d'eux sont décédés sans avoir découvert la fraude, l'action criminelle peut être intentée par tous ceux qui ont intérêt à faire déclarer le mariage valable et par le procureur du roi.* »

Art. 200. « *Si l'officier public est décédé lors de la découverte de la fraude, l'action sera dirigée au civil contre ses héritiers par le procureur du roi, en présence des parties intéressées et sur leur dénonciation.* »

Des poursuites pénales ont amené la constatation d'un mariage : si les parties ont soin de faire inscrire sur le registre de l'état civil le jugement qui le constate, ce jugement constitue pour le mariage un mode de preuve régulier. C'est l'application pure et simple du principe que nous avons précédemment posé.

Rapprochons le texte de l'art. 198 du texte de l'art. 46 : l'art. 46 suppose simplement que les registres ont été perdus ou détruits ; l'art. 198 suppose qu'il ont été détruits ou falsifiés par un moyen criminel. L'espèce prévue par l'art. 198 est comme un cas particulier de l'espèce prévue par l'art. 46. Lorsque la même espèce se trouvera régie par les deux article: à la fois, les parties pourront user à leur choix des facilités que l'un ou l'autre leur présentent. Il est possible même qu'elles conservent le droit de se prévaloir de l'un des deux, après avoir perdu le droit de se prévaloir de l'autre : ainsi l'action pénale est prescrite, l'application de l'art. 198 est impossible, les parties pourront profiter encore des avantages que leur offre l'art. 46.

La rédaction des art. 198-200 est souvent confuse et inexacte : essayons cependant d'en faire ressortir une théorie raisonnable et concordante, et à cet effet demandons-nous successivement :

1° Quels sont les faits qui donnent lieu à l'application de ces articles ;

2° Quelle est la nature des actions dont ils s'occupent, qui peut les intenter, à quel moment et devant quels tribunaux ;

3° Quels sont les effets des jugements rendus sur ces poursuites.

1° Quels sont les faits qui donnent lieu à l'application de nos articles ?

Il faut imaginer un fait punissable qui aura amené la suppression ou falsification de la preuve du mariage.

Le Code pénal nous présente un certain nombre d'espèces. Les art. 145 et 146 (C. pén.) supposent que l'officier public a commis un faux soit par fausses signatures, soit par altération des actes, écritures ou signatures, soit par supposition de personnes, soit par des écritures faites ou intercalées sur les registres depuis leur confection et clôture ; ou encore qu'il a faussé les déclarations qui lui étaient faites ou dénaturé les faits dont il a été témoin.

De la part d'une personne dépourvue de caractère officiel, les mêmes faits donnent lieu à une peine moins sévère (art. 147, C. pén.).

L'art. 255 (C. pén.), prévoit la soustraction ou détournement par l'officier public des titres déposés entre ses mains.

Lorsque les titres sont soustraits par une autre personne (art. 256, C. pén.), la négligence de l'officier dépositaire le rend passible d'une peine correctionnelle (art. 254, C. pén.) ; l'inscription de l'acte sur une feuille volante lui fait également encourir une peine du même genre.

Dans ces deux derniers cas on peut se demander s'il y a lieu d'appliquer l'art. 194 : cet article nous parle d'une procédure criminelle, et ici la peine est simplement correctionnelle.

Mais observons que la classification rigoureuse des méfaits en crimes, délits et contraventions n'existait pas lors de la rédaction du Code civil : les mots *crime* et *criminel* avaient alors une portée générale et s'entendaient de toute espèce d'infraction aux lois pénales. La lecture des travaux préparatoires du Code, lève d'ailleurs toute espèce de doute : l'art. 198 ne prévoyait primitivement qu'une seule espèce, et cette espèce était précisément l'inscription de l'acte sur une feuille volante.

L'art. 199 emploie le mot *fraude* : on pourrait en conclure que le fait a dû être commis avec l'intention de nuire ; mais il suffit qu'il donne lieu à une poursuite pénale ; et une simple négligence peut constituer un délit dans le sens technique du mot, c'est ce qui se produit dans l'espèce prévue par l'art. 256 (C. Pén.), lorsque l'officier a laissé soustraire les titres dont il était dépositaire.

Imaginons au contraire un fait qui ne donne lieu à aucune poursuite pénale : l'application de l'art. 198 devient impossible. Ainsi l'officier de l'état civil a négligé de dresser l'acte de célébration, la loi ne prononce aucune peine contre une omission de ce genre, l'art. 198 ne fournira aucun secours aux parties lésées.

Les premiers mots de l'art. 200 « *si l'officier public est décédé* » supposent que le fait punissable a été commis par l'officier public : mais cette énonciation n'a rien de restrictif, la règle sera la même lorsque la suppression ou falsification de l'acte de célébration sera l'œuvre d'une autre personne. Le texte de l'art. 138 est tout à fait général, et c'est cet article qui nous donne la règle.

Nous venons de voir quels sont les faits qui sont prévus par l'art. 198, mais observons que l'existence de l'un de ces faits n'entraîne point nécessairement l'application de l'article. Il est possible en effet que les poursuites pénales amènent la découverte du crime ou délit sans amener la constatation du mariage dont la preuve a été détruite ou altérée. L'art. 198 suppose que la preuve du mariage résulte de la procédure criminelle : c'est ce qui arrivera, si, sur des conclusions prises à cet effet, le tribunal ou la cour constatent que les auteurs des crimes ou délits dont la poursuite leur est déférée ont détruit ou altéré la preuve du mariage contracté tel jour entre telles personnes.

2° Quelle est la nature des actions dont s'occupent les art. 198-200? Qui peut les intenter? A quel moment? Et devant quels tribunaux?

Avant de répondre à ces différentes questions rappelons brièvement les principes généraux qui sont consacrés par les arts. 1-4 du Code d'instruction criminelle.

Tout fait coupable tombant sous l'application de la loi pénale peut donner naissance à deux actions, l'une publique tendant à l'application de la peine et appartenant au ministère public, qui l'exerce au nom de la société, l'autre privée, tendant à la réparation du préjudice causé et appartenant au particulier lésé. Les tribunaux de répression sont seuls compétents pour connaître de la première; la seconde peut être portée soit isolément devant les tribunaux civils, soit, accessoirement à l'action publique, devant les tribunaux de répression : lorsqu'il y a simple délit, la partie lésée peut saisir directement le tribunal correctionnel. L'action publique s'éteint par la mort du coupable, elle ne peut être intentée contre ses héritiers; l'action privée s'exerce soit contre l'auteur du crime ou délit, soit contre ses héritiers.

On voit qu'il y a grand intérêt à distinguer l'action publique et l'action privée : quelle est celle dont s'occupe l'art. 199 ? Le texte porte : *l'action criminelle :* on est tenté de croire qu'il s'agit de *l'action publique :* mais remarquons qu'aux termes mêmes de cet article l'action qu'il désigne de la sorte est exercée par des particuliers, et il est impossible que l'action publique appartienne à des particuliers. Admettre le contraire, ce serait déroger aux principes essentiels du droit pénal, et nous chercherions en vain dans tous les textes un seul exemple d'une dérogation de cette espèce. L'art. 199 n'a pas en vue l'action publique, mais l'action privée ; s'il la qualifie d'action criminelle, c'est qu'à l'époque où cet article fut rédigé on appelait action criminelle toute action, publique ou privée, portée devant un tribunal de répression.

Du reste, même avec cette seconde interprétation, l'art. 199 déroge encore au droit commun : demandons-nous en effet par qui peut être exercée l'action privée dont il est question dans cet article.

Pris à la lettre, les premiers mots du texte : « *si les époux ou l'un d'eux sont décédés sans avoir eu connaissance de la fraude,* » nous conduiraient à dire par un argument *a contrario* que du vivant des deux époux, eux seuls ont qualité pour exercer

l'action civile, et que s'ils viennent à décéder
après avoir eu connaissance de la fraude,
elle ne peut l'être par personne. Ce double résultat est inadmissible ; la loi n'a pu vouloir que
l'indifférence ou la collusion des époux suffît pour
paralyser les droits des tiers, et notamment les
droits des enfants issus du mariage et intéressés
à établir leur légitimité. Ce qui est vrai, c'est que
du vivant des deux époux, il arrivera rarement
que d'autres personnes aient intérêt à prouver le
mariage ; ce qui est vrai aussi, c'est que le plus
souvent, si les époux avant de mourir découvrent
la fraude, ils s'empresseront d'agir, ce qui désin-
téressera toute autre personne. La loi s'est placée
à ce double point de vue, et elle a statué en conséquence : le texte d'ailleurs n'a rien de limitatif:
l'action privée appartient à toute personne intéressée.

Mais l'art. 199 va plus loin, il accorde au ministère public l'exercice de l'action privée. Cette
disposition exceptionnelle contredit formellement la règle de l'art. 99 qui défend au ministère
public d'agir en rectification des actes de l'état
civil. Aussi quelques auteurs ont-ils proposé de
tenir cette disposition pour non avenue et de
corriger sur ce point, comme sur beaucoup d'autres, le texte confus et inexact de l'art. 199.

Nous croyons cependant que cette fois du moins
le texte de notre article doit être respecté : la dérogation qu'il introduit se justifie par l'importance
exceptionnelle de la preuve du mariage.

Le mariage en effet est le fondement de la famille ; mille intérêts divers et de l'ordre le plus élevé s'y rattachent dans le présent et dans l'avenir : la preuve du mariage est jusqu'à un certain point une question d'ordre public, et lorsque des poursuites pénales ont précisément pour effet de mettre en lumière l'existence d'un mariage dont la preuve a été détruite ou altérée, on conçoit que la loi permette au ministère public de poursuivre d'office le rétablissement de cette preuve. Observons seulement qu'entre ses mains l'action privée ne pourra avoir pour objet une réparation pécuniaire, elle tendra uniquement à l'inscription du jugement criminel sur le registre de l'état civil.

Les art. 198 et 199 qui s'occupent de l'action privée supposent que cette action a été portée, accessoirement à l'action publique, devant un tribunal de répression : cette supposition doit-elle se prendre dans un sens restrictif? Faut-il dire que les art. 198-199 défendent à la partie lésée de porter son action devant un tribunal civil?

La question est vivement controversée ; afin d'apporter plus d'éclarté dans la discussion, distinguons deux cas : l'action pénale peut être exercée, ou elle ne peut plus l'être.

1° L'action pénale peut être exercée : les tribunaux civils sont-ils compétents pour connaître de l'action privée ?

La négative est défendue par un grand nombre d'auteurs : c'est une conséquence qu'ils tirent de la suite et de la combinaison des trois articles

198, 199 et 200. Les deux premiers supposent que l'action privée est exercée devant un tribunal de répression, comme l'indiquent les mots *procédure criminelle* (art. 198) et *action criminelle* (art. 199). L'art. 200 prévoit le décès du coupable ; l'action pénale est éteinte, le tribunal civil peut seul connaître de l'action privée : l'art. 200 organise alors un système particulier de garanties ; n'est-il pas évident que si, du vivant du coupable, l'action privée pouvait être portée devant la juridiction civile, la loi n'eût pas manqué d'exiger les mêmes garanties? L'intention restrictive du Code ressort également des expressions employées dans le projet primitif de l'art. 199 : « *L'officier de l'état civil doit être poursuivi criminellement. — L'action doit être dirigée par le commissaire du gouvernement.* » L'article a reçu une forme différente : mais rien n'indique que sur le point qui nous occupe on ait entendu modifier la pensée des premiers rédacteurs.

On répond que de droit commun la partie lésée peut porter l'action privée devant les tribunaux civils : on ne peut lui retirer cette faculté sans un texte formel et explicite de la loi, et les art. 198 et 199 sont loin de nous fournir un texte de ce genre : rien ne nous oblige à prendre les termes employés par ces articles dans un sens restrictif plutôt que dans un sens énonciatif.

L'argument *a contrario* que l'on veut tirer de l'art. 200 ne vaut pas mieux : lorsque du vivant du coupable les tribunaux sont saisis de l'action

privée, il est inutile d'exiger des garanties particulières : le défendeur se trouve sous le coup
d'une poursuite pénale, on ne peut craindre un
concert frauduleux. Observons enfin que la doctrine que nous combattons subordonne l'exercice
de l'action privée à l'exercice de l'action publique : l'inaction du ministère public paralyse le
droit de la partie lésée : on ne voit pas sur quoi
serait fondée une disposition aussi singulière.

Nous arrivons à notre seconde hypothèse.

2° Les poursuites pénales ne peuvent plus être
exercées.

Le Code prévoit expressément le cas où l'action
publique s'éteint par la mort du coupable: la
partie lésée peut saisir le tribunal civil, mais la
loi prend certaines précautions (art. 200).

On redoute une collusion frauduleuse entre le
demandeur et les héritiers du coupable : ces héritiers ne sont passibles d'aucune peine, la question
pour eux est purement pécuniaire, on craint que
le demandeur n'achète leur connivence à prix
d'argent.

Aussi la loi exige-t-elle que l'action soit exercée, sous les yeux et sur la demande des parties
intéressées, par le ministère public, qui, voyant
de près la marche de l'affaire, saura déjouer toute
machination illicite. Le ministère public, en pareil cas, n'est plus que le représentant, l'homme
d'affaires de la partie civile, dont la loi le constitue le mandataire nécessaire.

La mort du coupable n'est pas le seul événe-

ment qui puisse rendre la poursuite pénale impossible ; l'absence ou l'interdiction du coupable
conduit au même résultat : on peut supposer encore que l'auteur du fait incriminé a été acquitté
à la suite d'une procédure pénale, à laquelle la
partie civile a négligé de se mêler : dans ces différentes hypothèses, le tribunal civil pourra-t-il
être saisi de l'action privée ?

La controverse est la même que précédemment :
remarquons seulement que l'argument *a contrario*
que l'on tire de l'art. 200 en faveur de la négative reçoit ici une force plus grande, car l'application de la peine est devenue impossible, on
peut craindre avec raison une collusion frauduleuse.

Quelques personnes ont essayé d'échapper à
cette difficulté en appliquant aux hypothèses que
nous venons d'énumérer la garantie spéciale exigée par l'art. 200 : mais cette garantie constitue
une disposition exceptionnelle que nous ne pouvons étendre au delà de l'espèce que la loi a déterminée.

Il nous reste à voir quels sont les effets des
jugements rendus sur les poursuites prévues par
l'art. 198.

Reportons-nous au texte de cet article :

« *Cette inscription assure au mariage, à compter du jour de la célébration, tous les effets civils,
tant à l'égard des époux qu'à l'égard des enfants
issus du mariage.* »

En d'autres termes, l'inscription du jugement

criminel qui constate le mariage équivaut à l'inscription régulière de l'acte de célébration sur le registre de l'état civil.

« *A compter du jour de la célébration :* » il était inutile de le dire ; peut-être la loi a-t-elle craint que l'on fût tenté d'appliquer ici ce qu'elle dit ailleurs des effets de l'inscription d'une hypothèque sur le registre du conservateur.

« *Tous les effets civils :* » l'expression est trop générale, l'inscription n'assure pas la validité du mariage, elle n'en assure que la preuve.

« *Tant à l'égard des époux qu'à l'égard des enfants :* » la loi parle des époux parce que, dans l'article précédent (197), elle indiquait un mode de preuve dont [les enfants seuls pouvaient se prévaloir, mais cette énonciation n'a rien de restrictif, il faut lire comme s'il y avait : « *à l'égard de toute personne intéressée.* »

Le jugement régulièrement inscrit prouve le mariage *erga omnes :* il en est ainsi, alors même que l'inscription a été demandée d'office par le ministère public, du vivant des époux et sans intervention de leur part.

Cette proposition a été contestée : on a fait observer que si la preuve du mariage, qui pouvait ainsi se trouver établie sans la participation des prétendus époux, venait plus tard à leur être opposée, il leur serait difficile, pour ne pas dire impossible, de faire la preuve contraire : on aurait ainsi deux personnes mariées *d'office* et peut-être à leur insu. (Demolombe, III, 419.)

Le résultat est bizarre, et nous comprenons les
doutes qui se sont élevés dans l'esprit de M. Demolombe, et que M. Valette a paru partager (Explic. sommaire, p. 114). Remarquons toutefois
que l'hypothèse se présentera rarement dans la
pratique, si jamais elle se présente : de plus, lorsque le ministère public a ainsi poursuivi le rétablissement de la preuve de mariage, il est difficile de supposer que ce mariage n'existe pas.
Dans tous les cas, rien ne nous autorise à écarter
ici l'application de l'art. 198 : cet article semble
bien dire que l'inscription du jugement équivaudra à tous égards à l'inscription de l'acte de célébration ; et telle est, en effet, la conséquence du
principe de l'autorité en matière civile de la chose
jugée au criminel.

Lorsque la constatation d'un mariage résulte
d'une procédure criminelle, le jugement inscrit
sur le registre de l'état civil prouve régulièrement
le mariage : c'est l'application du droit commun.
En est-il de même en matière de filiation ? C'est
un point dont l'examen soulève de graves difficultés.

CHAPITRE II.

DE LA PREUVE DE LA FILIATION PAR LA PRÉSOMPTION QUI RÉSULTE DE L'AUTORITÉ EN MATIÈRE CIVILE DE LA CHOSE JUGÉE AU CRIMINEL.

Les art. 326 et 327 ont trait à la question qui nous occupe ; ils dérogent au droit commun, ils n'admettent pas que la preuve de la filiation puisse résulter d'une procédure pénale : nous aurons à nous demander dans quelles limites doit être appliqué le système anormal qu'ils nous présentent.

Art. 326. « *Les tribunaux civils seront seuls compétents pour statuer sur les réclamations d'état.* »

Art. 327. « *L'action criminelle contre un délit de suppression d'état ne pourra commencer qu'après le jugement définitif sur la question d'état.* »

La théorie contenue dans ces articles se résume en trois dispositions exceptionnelles.

1° De droit commun la partie lésée porte l'action civile à son choix soit devant le tribunal civil, soit, accessoirement à l'action publique, devant le tribunal de répression : l'art. 316 lui retire ce droit d'option, le tribunal civil est seul compétent pour connaître de l'action privée.

2° De droit commun, lorsque les deux juridictions, pénale et civile, sont saisies de la même affaire, la procédure civile est suspendue, on attend la décision du tribunal de répression : *le criminel tient le civil en état.* Ici c'est l'inverse, *le civil tient le criminel en état.*

3° De droit commun le ministère public engage les poursuites pénales quand il le juge convenable; ici la conduite du ministère public est surbordonnée à la conduite de la partie lésée, il a les mains liées, tant que celle-ci demeure inactive.

Ces trois dérogations au droit commun sont des plus graves, la troisième surtout, puisqu'elle met le ministère public sous la dépendance de la partie lésée: l'indifférence ou la collusion d'un simple particulier peut empêcher la répression de la fraude et assurer l'impunité du crime. On a contesté l'existence de cette disposition, qui en effet n'est pas expressément écrite dans la loi : mais observons que nos deux dernières dispositions résultent nécessairement de la première. Du moment que les tribunaux civils sont compétents pour connaître seuls des questions d'état, si une poursuite pénale implique la connaissance d'une question de ce genre, la procédure pénale doit être différée, tant que les tribunaux civils n'ont pas statué au préalable sur cette question, et le ministère public est réduit à l'inaction, tant que la partie lésée n'a pas jugé à propos de saisir la juridiction civile.

Cette théorie exorbitante est certainement contenue dans les art. 326 327: voyons quels motifs ont pu décider le législateur à la consacrer, la connaissance de ces motifs nous permettra de déterminer la portée qu'il convient de lui attribuer.

D'après notre ancienne jurisprudence les tribunaux civils n'admettaient point la preuve testimoniale de la filiation, s'il n'y avait commencement de preuve par écrit, les tribunaux de répression au contraire recevaient *de plano* ce mode de preuve, lorsque la question de filiation se trouvait mêlée à une poursuite criminelle. Dès lors, quand le commencement de preuve par écrit faisait défaut, rien n'était plus facile que d'éluder la sévérité de la loi civile. On portait plainte en suppression d'état ; une fois l'action publique mise en mouvement, on saisissait de l'action civile le tribunal de répression. La plainte n'ayant rien de sérieux, l'accusation échouait : mais en attendant, la filiation avait été établie *de plano* par la preuve testimoniale : c'était tout ce que demandait le réclamant.

Des abus de ce genre s'étaient fréquemment produits au siècle dernier : le législateur en fut frappé, et c'est, dit-on, avec l'intention d'y mettre fin qu'il écrivit les deux articles 326 et 327.

Le but du législateur était louable assurément :
on se demande seulement s'il n'eût pu l'atteindre
en suivant une voie plus rationnelle et moins
dangereuse.

« En matière de crimes, disait en 1724 l'avocat
général Gilbert des Voisins, la loi ne rejette aucune sorte de preuve » (Nouveau Denizart, VIII,
Questions d'état 5, 3). Cette proposition n'est
pas toujours vraie : lorsque les tribunaux
de répression ont à constater au préalable un
fait juridique dont la preuve est réglée par la loi
civile, ils sont tenus de se conformer aux prescriptions de cette loi : car, ce qui détermine
le mode de preuve, ce n'est pas la qualité de la
juridiction, mais la natare des faits, qu'il faut
prouver.

L'application de cette idée se présente tous
les jours : aussi quand il s'agit d'établir devant
un tribunal correctionnel l'existence d'un dépôt
que l'on prétend avoir été violé, ce tribunal exige
un commencement de preuve par écrit, comme
le ferait un tribunal civil.

Si donc les rédacteurs du Code se sont défiés à
cet égard des tribunaux de répression, leur défiance était mal fondée : mais est-il bien vrai
qu'ils se soient laissé guider principalement par
des appréhensions de cette nature ?

Que ces appréhensions aient existé dans leur
esprit et qu'elles aient influé dans une certaine
mesure sur leurs décisions, c'est ce qu'il est
impossible de contester devant les affirmations

nettes et précises de MM. Bigot-Préameneu et Duveyrier au conseil d'État et au Tribunat. Mais il est permis de douter que cette considération soit la seule qui ait agi sur eux ni même qu'elle ait été la principale.

La loi en effet règle la preuve du mariage plus sévèrement encore que la filiation ; et cependant elle admet sans hésiter que la preuve du mariage puisse résulter d'une procédure criminelle : si elle se défie si peu des tribunaux de répression en matière de mariage, pourquoi s'en défierait-elle davantage en matière de filiation ?

Observons de plus que si elle avait conçu les craintes qu'on lui attribue d'ordinaire, elle avait un moyen bien facile de prévenir toute espèce de danger : il lui suffisait d'indiquer expressément pour les tribunaux de répression l'obligation de se conformer en matière de filiation au système de preuve qu'elle venait d'établir. C'est le parti qu'ont pris les rédacteurs des Codes belge et hollandais, qui sur ce point ont heureusement modifié le texte des art. 326 et 327. Et ce qu'il y a de plus curieux, c'est que ce correctif si simple n'était pas inconnu du législateur français, car il était indiqué de la manière la plus formelle dans le projet des deux articles. « *L'action criminelle*, portait le projet de l'art. 327, *ne peut être admise de la part du fonctionnaire public que sur un commencement de preuve par écrit, et l'examen de cette preuve est une question préjudicielle sur laquelle il doit être statué préalablement.* » (Art. 19 du projet).

Cette disposition, qui d'ailleurs ne faisait que consacrer le droit commun, écartait précisément le danger que l'on pouvait redouter : et cependant les rédacteurs ont repoussé cette disposition, ils y ont substitué le système anormal et dangereux des art. 326-327 : que conclure de là, sinon qu'ils obéissaient à une considération d'une nature toute différente ? Quelle pouvait être cette considération.

M. **Bertauld** (*Questions et exceptions préjudicielles*, p, 5-60, répond à cette question de la manière suivante.

Le but des art. 326-327 n'est pas d'empêcher en général que la preuve de la filiation puisse résulter d'une procédure criminelle : ces articles visent un cas tout particulier, le cas où il y a suppression d'état. Le crime ou délit en suppression d'état se présente rarement : les rédacteurs du Code ont reconnu eux-mêmes dans le cours de la discussion qu'il ne pouvait guère résulter du concours des deux époux. Le plus souvent il est l'œuvre du mari qui, suspectant la fidélité de sa femme, s'efforce de prévenir les suites de la présomption de l'art. 312. Le délit est un fait coupable, il importe qu'il soit réprimé : observons toutefois que les poursuites pénales vont faire éclater le scandale, elles vont mettre au jour des faits qui auraient dû demeurer cachés, elles vont porter atteinte au repos des familles et à l'ordre public. Et comme il s'agit d'un délit qui par sa nature même se propage difficilement, on est en droit de se demander si les avantages que la société doit retirer de l'application de la peine suffiront pour compenser le préjudice que ces recherches lui causeront.

Préoccupée de cette idée, la loi s'est arrêtée à un système mixte : la partie lésée a le droit d'agir, c'est une faculté que l'on ne peut lui enlever sans injustice : et si en fait elle exerce son action, le scandale une fois produit, la société ne craint plus d'intervenir, le ministère public poursuit l'application de la peine. Mais la partie lésée demeure inactive : la société se gardera bien d'agir, persuadée qu'elle a plus à y perdre qu'à y gagner : de là les dispositions des art. 326 et 327, qui subordonnent la conduite du ministère public à la conduite de la partie civile.

Cette idée a été reproduite plusieurs fois durant la discussion du projet: « Un plus grand intérêt commande que le repos de la société ne soit pas troublé sous le prétexte de l'affermir. » (Duveryer). « L'inconvénient de laisser un enfant dans l'obscurité est moins grand que celui d'exposer toutes les familles à être troublées.» (Portalis).

Ainsi deux considérations différentes sont invoquées pour rendre compte des dispositions contenues dans les art. 326-327 ; et les travaux préparatoires nous montrent que l'une et l'autre ont agi sur l'esprit des rédacteurs. Mais laquelle des deux a exercé sur eux la part d'influence la plus considérable? Laquelle doit représenter pour nous la pensée dominante du législateur?

La question a son importance : car du parti que l'on prend sur ce point dépend la portée que l'on attribue aux deux articles. Ces articles dérogent certainement au droit commun : mais dans quels cas y dérogent-ils?

Admettons-nous avec la doctrine commune que le but du législateur a été de soustraire aux tribunaux de répression la connaissance des questions d'état? Nous sommes conduits à appliquer les art. 326-327, toutes les fois que la solution d'une question d'état se trouve impliquée dans une poursuite criminelle. Les délits en suppression d'état s'entendront *lato sensu* de tous les crimes ou délits qui peuvent amener la destruction ou la falsification de la preuve de la filiation. Ainsi l'acte de naissance d'un enfant, qui d'ailleurs ne jouit d'aucune possession d'état, est détruit ou falsifié frauduleusement : le tribunal de répression ne pourra statuer sur le crime ou délit, si le tribunal civil n'a reconnu au préalable l'existence de la filiation, dont la preuve se trouve ainsi anéantie : la conduite du ministère public sera subordonnée à la conduite de la partie lésée.

Il suit de là que la preuve de la filiation ne pourra jamais résulter d'une procédure pénale, la théorie des art. 326-327 est ainsi la contre-partie exacte des dispositions contenues dans les art. 198-200.

Supposons au contraire avec M. Bertauld que la loi ait voulu principalement laisser dans l'ombre certains délits dont elle craint la révélation plus qu'elle ne désire la répression : les art. 326-327 n'ont plus la portée générale qu'on leur attribuait précédemment; si ces articles dérogent au droit commun, c'est dans un cas particulier. Les mots : délit en suppression d'état doivent se prendre dans le sens le plus étroit : et c'est seulement lorsque les poursuites pénales qui impliquent la solution d'une question d'état auront pour objet un délit de cette nature, qu'il ne sera plus possible de faire résulter la preuve de la filiation d'une procédure criminelle.

Il faut choisir entre les deux interprétations proposées.

L'explication de M. Bertauld présente cet avantage qu'elle ne prend pas pour point de départ une erreur législative; elle paraît en elle-même parfaitement raisonnable; enfin elle a pour effet de restreindre dans une mesure considérable l'application de deux articles, dont les dispositions sont, de l'aveu de tous, anormales et exorbitantes. Suivons donc M. Bertauld dans la voie où il s'est engagé, et essayons de définir avec lui ce qu'il faut entendre par un délit en suppression d'état.

Observons d'abord que cette expression est la seule dont nous ayons à tenir compte; l'art. 326 à la vérité parle de l'action en réclamation d'état, l'expression est plus générale; mais les auteurs conviennent que ces deux articles sont intimement liés l'un à l'autre et qu'ils ont nécessairement la même portée. Les termes précis du second doivent donc corriger ce qu'il y a de trop vague dans le texte du premier : et nous sommes d'autant mieux fondés à les restreindre ainsi l'un par l'autre, que le projet primitif de l'art. 326 était conçu en ces termes : « *l'enfant qui réclame son état qu'il prétend avoir été supprimé...* »

Qu'est-ce qu'un délit en suppression d'état ?

Supposons d'abord qu'il s'agisse de l'état d'enfant légitime, nous verrons plus loin s'il peut y avoir suppression d'un état différent.

L'accouchement de la femme mariée est le fait naturel qui donne naissance à l'état d'enfant légitime. La loi exige que cet accouchement soit déclaré devant l'officier de l'état civil : cette déclaration fait de l'état qui jusqu'alors n'était que naturel un état légal, elle lui donne une existence officielle, elle crée aux yeux de la loi une personne nouvelle, la personne de l'enfant dont la femme mariée est accouchée. Supprimer l'état, c'est empêcher que l'état, de naturel qu'il était ne devienne légal, c'est faire que la personne nouvelle dont il s'agit ne puisse prendre naissance à l'égard de la loi.

Ainsi l'accouchement n'est pas déclaré ; si la possession d'état ne vient point plus tard corriger la fraude et faire surgir aux yeux de la loi l'état qu'on a voulu dissimuler, il y aura véritablement suppression d'état. L'état de l'enfant en effet n'a reçu aucune consécration officielle, la loi ne

connaît point la personne nouvelle qui s'est produite.

L'accouchement au contraire a été déclaré :
l'état prend légalement naissance : et l'on aura
beau détruire ou falsifier dans la suite les moyens
de preuve, la personne légale n'en aura pas moins
existé. En d'autres termes, du moment que la déclaration prescrite par l'art. 56 a été faite, il ne
peut plus y avoir supression d'état : car supprimer
l'état, c'est empêcher qu'il ne se produise officiellement, et à partir de la déclaration, l'état
existe aux yeux de la loi.

Mais l'art. 327 ne parle pas seulement de la
suppression d'état, il s'occupe du délit en suppression d'état. A proprement parler, un délit de
ce genre est imaginaire : le Code pénal de 1791, qui
était en vigueur lors de la rédaction du Code civil,
n'attribuait nulle part à la suppression d'état le
caractère de crime ou délit, et le Code pénal de
1810 présente la même lacune. Il est vrai que la
rubrique de l'une des sections de ce Code (III II, 1, 6
commence en ces termes : « *crimes ou délits
tendant à empêcher ou détruire la preuve] de l'état
civil d'un enfant* » : mais que l'on parcoure cette
section, et l'on verra que ce que la loi désigne
sous le nom de délit, ce n'est pas la suppression
d'état considérée en elle-même, ce sont les
moyens coupables employés pour y parvenir.

Ainsi le délit en suppression d'état n'existe
pas : et sous ce rapport la rédaction de l'art. 327
n'est pas heureuse ; toutefois le sens de cette

expression ne saurait être douteux, elle désigne les crimes ou délits qui ont une suppression d'état pour conséquence.

Le Code pénal nous présente un certain nombre d'espèces : mais observons bien que si les crimes ou délits dont il s'agit constituent par eux-mêmes des faits coupables qui tombent dans tous les cas sous le coup de la loi pénale, c'est seulement lorsqu'ils amènent en fait une suppression d'état d'enfant légitime, qu'ils donnent lieu à l'application des arts. 326-327 du Code civil.

L'art. 346 (C. pén.) suppose que celui qui a assisté à un accouchement a négligé d'en faire la déclaration dans le délai voulu : le défaut de déclaration entraîne suppression d'état, lorsqu'il y a en même temps défaut de possession d'état.

L'art. 345 prévoit les cinq crimes suivants : enlèvement, recel, suppression d'enfant, substitution d'un enfant à un autre, supposition de part à une femme non accouchée.

L'enlèvement, le recel et la suppression d'enfant n'emportent suppression d'état, qu'autant qu'ils se produisent avant la déclaration de la naissance; il en est de même des crimes ou délits d'exposition d'enfant dont s'occupent les art. 345-353.

La substitution de deux enfants légitimes entre eux implique une suppression d'état simple ou double, suivant que l'un d'eux seulement ou tous les deux n'ont pas été régulièrement déclarés. Il ne peut y avoir suppression d'état si l'un et l'autre ont été déclarés : il y aura simplement confusion entre les individus auxquels se rapportent les deux états.

La supposition de part à une femme non accouchée emporte suppression d'état, si l'enfant supposé est un enfant réel et vivant dont on dissimule l'état véritable ; au contraire, si l'enfant supposé est un enfant mort-né ou un être imaginaire, loin de supprimer un état, on crée un état chimérique.

Les soustractions, enlèvement et destruction des registres de l'état civil, les altérations des titres destinés à constater la filiation n'impliquent jamais suppression d'état ; du moment que l'accouchement a été déclaré régulièrement, l'état existe et ne peut être supprimé.

M. Bertauld est d'avis qu'il convient d'adopter la même solution lorsque l'officier public commet un faux intellectuel et falsifie les déclarations qui lui sont faites. Suivant lui en effet, ce qui crée l'état légal, ce qui donne à l'état une existence officielle, ce n'est pas l'inscription sur le registre, c'est la déclaration des comparants : la déclaration une fois faite, nul ne peut supprimer l'état.

La solution sera la même, à plus forte raison, lorsque l'officier aura inscrit l'acte sur une feuille volante.

En somme la suppression d'état ne peut se produire que dans trois cas :

1° La naissance n'a pas été déclarée, et la possession d'état fait défaut ;

2° La naissance a été déclarée, mais l'enfant a été présenté comme né de père et mère inconnus, et la possession d'état fait également défaut ;

3° La naissance a été déclarée, mais l'enfant a été attribué à une autre femme que celle dont il est né.

Les articles 326-327 sont placés au milieu d'un chapitre consacré à la preuve de la filiation légitime : mais ces articles parlent de la suppression d'état en général : devons-nous étendre l'application de ces articles à d'autres états que l'état d'enfant légitime, à l'état d'enfant naturel ou à l'état d'époux ?

On n'hésite guère d'ordinaire à appliquer à la filiation naturelle les dispositions contenues dans ces deux articles. Nous avons reconnu nous-mêmes que les lacunes du chapitre consacré à la filiation naturelle devaient être comblées par les règles écrites dans le chapitre précédent. Toutefois la définition que nous avons donnée de la suppression d'état nous interdit ici toute extension de ce genre.

Et en effet, supprimer un état, c'est empêcher qu'il ne soit constaté suivant les formes déterminées par la loi : or la loi n'enjoint à personne de constater la filiation naturelle, elle n'exige point que cette filiation reçoive une existence officielle, la reconnaissance est pour les père et mère une simple faculté. Mais si la loi n'ordonne point que la filiation naturelle soit constatée, comment le défaut de constatation pourrait-il constituer un délit? Et s'il ne peut y avoir délit en suppression d'état d'enfant naturel, comment admettre que les dispositions des art. 326 et 327 puissent s'appliquer à la filiation naturelle?

A l'égard de l'état d'époux aucun doute n'est possible : d'une part l'art. 198 contredit les art. 326 et 327; d'autre part l'état d'époux ne peut être supprimé, car la cérémonie du mariage qui crée cet état en fournit en même temps la constatation officielle.

Dans le cas de poursuite pour bigamie la Cour de cassation a admis sur ce point une théorie singulière (16 janv. 1826) : la juridiction criminelle, suivant cette cour, est compétente pour apprécier la validité du second mariage, qui constitue le corps du délit, mais en vertu de l'art. 327 elle ne l'est pas pour apprécier la validité du premier : cette question doit être renvoyée devant le tribunal civil à titre de question préjudicielle.

Cette décision est évidemment incompatible avec la doctrine que nous venons de proposer.

Résumons ce qui précède : les art. 326 et 327 prévoient un cas particulier, le cas où il y a délit en suppression d'état. La loi pense que dans cette hypothèse la société n'a pas intérêt à poursuivre le coupable, tant que la partie lésée ne saisit point le tribunal, et il est clair qu'en pareil cas la preuve de la filiation ne pourra jamais être

fournie par la procédure pénale. Mais écartons
l'hypothèse exceptionnelle où il y a suppression
d'état, les art. 326-327 ne trouveront point leur
application : conformément au droit commun les
tribunaux de répression seront compétents pour
statuer accessoirement sur les questions d'état, la
chose jugée au criminel aura autorité en matière
civile, et la preuve de la filiation pourra résulter,
comme la preuve du mariage, d'une procédure
criminelle.

APPENDICE.

Nous venons de voir comment se prouvent en l'absence de titre le mariage et la filiation : il nous reste à présenter quelques observations sur la nature et les effets des actions au moyen desquelles se fait la preuve de ces deux états.

Lorsqu'une personne cherche à se faire attribuer un état qui lui est contesté, l'action prend le nom d'action en réclamation d'état ; lorsque l'on conteste à une personne l'état qu'elle paraît avoir, l'action prend le nom d'action en contestation d'état.

Ces deux actions ont pour objet principal et direct l'état des personnes, par suite elles sont hors commerce, car l'état des personnes intéresse la société et ne peut être modifié par la seule volonté des particuliers. Ces deux actions ne peuvent être l'objet ni d'une renonciation expresse ou tacite, ni d'une transaction, ni d'un compromis, ni d'un désistement ; enfin elles sont imprescriptibles, car la prescription repose sur une présomption de renonciation ou d'aliénation. L'art. 328 fait à l'égard de l'enfant l'application de cette idée.

Art. 328. *« L'action en réclamation d'état est imprescriptible à l'égard de l'enfant. »*

Ainsi les actions en réclamation et en contestation d'état présentent un caractère moral qui les met hors commerce : mais accessoirement ces mêmes actions présentent un caractère pécuniaire, et sous ce rapport elles doivent être traitées conformément au droit commun. Toute personne peut renoncer aux droits pécuniaires qui sont attachés à son état, et ces droits se prescrivent suivant les règles ordinaires de la prescription. Ainsi l'enfant qui, à partir de sa majorité, laisse passer trente ans, sans réclamer la succession de ses père et mère, est déchu de tous les droits qu'il pouvait avoir sur cette succession; bien qu'il conserve le droit de revendiquer sa filiation.

Nous connaissons la nature des actions en réclamation et en contestation d'état : qui peut exercer ces actions? Et quels sont les effets des jugements rendus sur des poursuites de cette nature?

Et d'abord qui peut les exercer ?

A l'égard du mariage rien de plus simple : toute personne est admise à établir suivant les moyens légaux l'existence d'un mariage dont elle veut tirer profit ; et inversement toute personne est admise à contester l'existence d'un mariage qui lui nuit. Observons seulement que les enfants issus du mariage ont seuls le droit de se prévaloir du mode de preuve introduit par l'art. 197 ; et que, dans l'hypothèse prévue par l'art. 198, le ministère public reçoit par exception le droit de poursuivre d'office le rétablissement de la preuve du mariage.

En matière de filiation la question est plus délicate. On est toujours reçu à contester une filiation, à moins qu'il ne s'agisse d'une filiation légitime établie par un acte de naissance et une possession d'état conforme : mais à qui appartient le droit de rechercher une filiation ?

Supposons d'abord qu'il s'agisse d'une filiation légitime. L'enfant a le droit de rechercher sa propre filiation ; mais ses créanciers peuvent-ils exercer ce droit en son nom ? Et après sa mort l'action se transmet-elle à ses héritiers ?

Le premier point est des plus controversés : des auteurs considérables reconnaissent aux créanciers le droit d'exercer l'action de l'enfant, cette opinion était déjà défendue dans l'ancien droit (d'Aguesseau 6ᵉ plaidoyer). On fait remarquer qu'aux termes de l'art. 1166 les créanciers ont le droit d'exercer toutes les actions qui appartiennent à leur débiteur, sauf celles qui sont exclusivement attachées à sa personne : or l'action en réclamation d'état n'est pas exclusivement attachée à la personne, car elle se transmet aux héritiers. D'ailleurs l'art. 788 autorise les créanciers à accepter aux lieu et place du débiteur

les successions qui lui sont déférées : qui veut la
fin, veut les moyens, et si les droits de succession se fondent précisément sur la filiation, il
faut bien que les créanciers puissent établir en
justice cette filiation. Il importe enfin de prévenir les collusions frauduleuses qui pourraient se
produire entre l'enfant et sa famille au détriment
des créanciers.

Nous n'acceptons pas cette doctrine. Si l'action en réclamation d'état est transmissible aux
héritiers, c'est seulement dans certains cas (art.
329-330). D'ailleurs une action ne cesse pas d'être
attachée exclusivement à la personne par cela
seul qu'elle se transmet aux héritiers. La loi ne
définit nulle part les droits exclusivement attachés à la personne, et la doctrine elle-même n'a
jamais donné de ces droits une définition précise
et rigoureuse. Considérée en elle-même, l'action
en réclamation d'état présente au plus haut degré
le caractère d'une action personnelle, car l'état
qui constitue l'objet principal de cette action est
exclusivement attaché à la personne.

On craint entre l'enfant et sa famille un concert frauduleux au préjudice des créanciers ; la
collusion se présentera rarement dans la pratique ; et l'on provoque un danger infiniment plus
grave et plus réel en permettant aux créanciers
d'engager les poursuites les plus scandaleuses
pour un intérêt purement pécuniaire et contre le
gré du principal intéressé. La loi redoute les spé-
culations immorales auxquelles peut donner lieu

une action de ce genre : est-ce bien le cas d'étendre le mal en faisant pour ainsi dire de cette
action une *action populaire ?* Le péril est d'autant
plus grand que si l'on autorise les créanciers à
rechercher au nom de l'enfant la filiation légitime, on n'aura aucune raison pour leur inter-
dire la recherche de la filiation naturelle.

Concluons donc que les créanciers ne pourront
exercer l'action en réclamation d'état ni comme
action principale ni comme action accessoire ; ils
ne pourront même rechercher la filiation par
voie d'exception, du moins s'il y a sur ce point
des conclusions directes et spéciales. Nous excep-
tons bien entendu le cas où les adversaires con-
testeraient frauduleusement l'état de l'enfant, de
manière à donner à une simple pétition d'hérédité le caractère d'une action en réclamation
d'état : ce serait aux juges à apprécier la nature
véritable de l'action et à réprimer la fraude, s'il
y avait lieu.

Ainsi, du vivant de l'enfant, l'action en réclamation d'état ne peut être exercée que par lui ;
que devient cette action après sa mort ?

De droit commun les actions se transmettent
aux héritiers, la loi ici limite le principe.

Art. 329. « *L'action ne peut-être intentée par
les héritiers de l'enfant qui n'a pas réclamé, qu'autant qu'il est décédé mineur ou dans les cinq années
après sa majorité.* »

Art. 330. « *Les héritiers peuvent suivre cette
action lorsqu'elle a été commencée par l'enfant, à*

moins qu'il ne s'en fût désisté formellement, ou qu'il n'eût laissé passer trois années sans poursuites à compter du dernier acte de la procédure. »

Ainsi l'action ne passe aux héritiers que dans deux cas :

1° Lorsque l'enfant est mort avant vingt-six ans révolus : la loi lui donne à partir de sa majorité cinq années pour réfléchir et pour préparer les éléments de son action ; si durant ces cinq années il ne commence pas les poursuites, la loi présume qu'il n'a pas confiance dans la bonté de sa cause. Lui-même conserve le droit d'intenter l'action, mais ses héritiers ne sont plus admis à exercer un droit auquel il a paru renoncer.

2° Lorsqu'il a lui-même engagé l'action et qu'il meurt, même après vingt-six ans, *pendente lite* : il n'est plus considéré comme mourant *pendente lite*, s'il s'est formellement désisté de son action, ou s'il a laissé passer trois ans sans poursuites à compter du dernier acte de procédure.

Ces deux dernières restrictions ne s'appliquent qu'autant que l'enfant est décédé après vingt-six ans révolus, elles sont écrites en effet dans l'art. 330 et non dans l'article 329.

Quelques auteurs ont contesté cette proposition : suivant eux, que l'enfant décède majeur ou mineur de vingt-six ans, du moment qu'il s'est désisté des poursuites qu'il avait commencées, l'action ne passe pas à ses héritiers. Le texte de l'art. 329 en effet suppose que l'enfant n'a pas réclamé, et dans l'espèce que nous formons il a réclamé, puisqu'il a engagé les poursuites. Mais il est évident que dans l'art 329 les mots : « *l'enfant qui n'a pas réclamé* » ont un sens purement énonciatif.

On objecte encore que le désistement de l'enfant même mineur de vingt-six ans implique de sa part une renonciation tacite qui suffit pour éteindre l'action à l'égard de ses héritiers. Mais on comprend très-bien que la renonciation de l'enfant mineur de vingt-six ans n'ait pas la même force que la renonciation de l'enfant qui a vingt-six ans révolus. Ajoutons que le désistement n'implique point nécessairement renonciation à l'action, l'enfant qui se désiste conserve le droit d'agir, le désistement peut indiquer simplement qu'il ne trouve pas le moment opportun pour poursuivre l'affaire.

Lorsque l'enfant laisse passer trois années sans poursuite, à compter du dernier acte de procédure, il y a ce que l'on appelle *péremption d'instance*. D'après le Code de procédure (art. 399), la péremption ne se produit qu'autant qu'elle est demandée par la partie adverse. L'application de cette disposition dans l'espèce prévue par notre art. 330, a été contestée autrefois ; de nos jours, elle paraît admise par tous les auteurs.

L'action en réclamation d'état se transmet dans certains cas aux héritiers : quels sont ces héritiers ? Et quel caractère reçoit l'action entre leurs mains ?

On convient d'ordinaire que le mot héritier

doit être pris ici dans le sens le plus large : la loi place l'action en réclamation d'état dans la succession de l'enfant, elle appartient à quiconque est appelé à cette succession, aux successeurs irréguliers et aux légataires universels ou à titre universel comme aux héritiers proprement dits ; elle appartient même aux légataires particuliers qui ont pour gage l'ensemble de l'hérédité.

C'est qu'en effet, entre les mains des héritiers, l'action devient purement pécuniaire, les héritiers peuvent y renoncer expressément ou tacitement ; elle se prescrit conformément au droit commun, comme l'indique *a contrario* l'art. 328 ; enfin les créanciers des héritiers pourront l'exercer au nom de leurs débiteurs.

Est-il bien vrai cependant qu'entre les mains des héritiers l'action en réclamation d'état perde nécessairement le caractère moral qu'elle avait entre les mains de l'enfant ? Supposons que les héritiers soient eux-mêmes les enfants ou descendants légitimes de l'enfant : l'action n'a plus pour eux un simple intérêt pécuniaire, elle tend à établir leur légitimité et à les faire rentrer dans la famille à laquelle ils prétendent appartenir. Ne faut-il pas dire qu'à leur égard l'action est hors commerce, qu'ils ne peuvent y renoncer et qu'elle est imprescriptible ? Cette action d'ailleurs serait distincte de celle de l'enfant, elle leur appartiendrait en propre ; ils pourraient l'exercer dans tous les cas, du vivant de l'enfant comme après sa mort, et alors même qu'ils auraient renoncé à sa succession.

Cette manière de voir paraît fort raisonnable, elle est conforme aux principes généraux de droit; aussi plusieurs auteurs ont-ils pensé devoir l'accepter.

Nous ne croyons pas cependant que cette doctrine soit celle du Code. Remarquons, en effet, que les héritiers de l'enfant seront presque toujours ses descendants. Si donc la loi, dans les art. 329-330, établit à l'égard des héritiers une règle spéciale, il n'est pas probable qu'elle ait entendu exclure de l'application de cette règle ceux-là mêmes qui seront les héritiers ordinaires: et c'est ce qui arriverait si elle leur reconnaissait une action qui leur appartînt en propre.

Observons aussi que dans l'ensemble du titre consacré à la filiation, il est uniquement question des rapports de l'enfant du premier degré avec ses père et mère; une fois seulement la loi s'occupe des descendants du second degré, mais elle le dit expressément (art. 332). De même à propos des successions, quand elle veut comprendre parmi les enfants les descendants en général, elle a soin de s'en expliquer en termes formels (art. 914).

La pensée de la loi, d'ailleurs, se découvre aisément: les actions en réclamation d'état sont propres à jeter le trouble dans les familles, la loi n'a pas voulu que ces actions pussent passer de génération en génération et se perpétuer indéfiniment.

Concluons donc que les descendants de l'enfant ne reçoivent l'action en réclamation d'état qu'en qualité d'héritiers ; elle ne leur appartient qu'autant que l'enfant décède mineur de vingt-six ans ou qu'il meurt *pendente lite :* encore faut-il qu'ils aient accepté la succession. Entre leurs mains cette action a un caractère purement pécuniaire, ils peuvent y renoncer et l'aliéner, ils peuvent la perdre par prescription ; enfin les créanciers pourront l'exercer en leur nom.

Nous avons supposé jusqu'ici qu'il s'agissait de filiation légitime ; supposons maintenant que la filiation recherchée soit naturelle.

Qui peut rechercher soit la paternité naturelle dans le cas d'enlèvement, soit la maternité naturelle ?

L'action appartient évidemment à l'enfant : ses créanciers pourront-ils l'exercer en son nom ? La question est la même que précédemment, et elle doit être résolue dans le même sens.

L'action peut-elle être intentée par des tiers ? Ainsi les frères et sœurs d'un enfant naturel sont-ils admis à établir sa filiation, afin de faire valoir les droits de succession que la loi leur attribue ? La filiation de l'enfant naturel peut-elle être recherchée contre lui, soit à l'effet de faire reconnaître certains empêchements au mariage, soit à l'effet de faire réduire les libéralités excessives qui auraient pu lui être faites en violation de l'art. 908 ?

La question est vivement controversée.

L'affirmative se soutient facilement.

Le premier paragraphe de l'art. 341, s'exprime en termes généraux : « *la recherche de la maternité est admise* » : les tiers peuvent invoquer ce paragraphe au même titre que l'enfant.

Il est vrai que les paragraphes suivants supposent que l'action est exercée par l'enfant : mais ce sont les expressions employées par le premier paragraphe qui doivent surtout nous guider, car c'est celui qui nous donne la règle.

On peut argumenter dans le même sens de ces mots de l'art. 340 : « *sur la demande des parties intéressées.* »

On objecte le scandale que peut provoquer la recherche de la filiation de la part des tiers : mais du moment que la loi a autorisé cette recherche, c'est qu'elle a pris son parti du scandale qui pouvait se produire. D'ailleurs ne serait-il pas plus fâcheux et plus immoral encore de voir les père et mère naturels laisser, au mépris de toutes les prescriptions légales, la totalité de leur fortune à l'enfant qu'ils auront eu soin de ne pas reconnaître ?

La négative cependant compte un plus grand nombre de partisans. Les art. 340-342 supposent en général que l'action est exercée par l'enfant lui-même, et la lecture des travaux préparatoires montre qu'en effet telle est l'hypothèse où se sont constamment placés les rédacteurs. Une seule idée les préoccupait, ils voulaient restreindre un droit de recherche dont les enfants naturels avaient abusé au siècle dernier ; la pensée que ce droit pourrait jamais être retourné contre eux ne paraît pas s'être présentée un seule fois à leur esprit.

Il résulte aussi de l'historique de l'art. 340 que les mots « *les parties intéressées* » se rapportent uniquement à l'enfant et à sa mère, car à l'origine il s'agissait simplement des dommages-intérêts qui pouvaient leur être attribués.

Dira-t-on qu'il importe de donner aux tiers les moyens de faire réduire les libéralités excessives qui seront faites à l'enfant non reconnu ? Mais si le législateur l'avait entendu de la sorte, il aurait autorisé les tiers à rechercher la paternité dans tous les cas, et c'est ce qu'il n'a pas fait. Il a pensé sans doute que les libéralités que l'on redoute ne compensaient point pour l'enfant non reconnu le préjudice que lui cause l'absence de tout état légal. Et en effet la position de l'enfant non reconnu est loin de valoir la position de l'enfant reconnu ; si celui-ci ne peut recevoir qu'une portion déterminée du patrimoine de ses père et mère, au moins cette position lui est-elle assurée : tandis que les espérances de l'enfant non reconnu sont essentiellement fragiles et incertaines.

Ainsi, de son vivant, l'enfant naturel pourra seul rechercher sa filiation : après sa mort l'action passera-t-elle à ses héritiers ?

Nous croyons que la manière la plus simple et

la plus naturelle de répondre à cette question est
d'appliquer à la filiation naturelle les art. 329-
330 que nous avons déjà examinés à propos de la
filiation légitime : les lacunes du chapitre ı ı de
notre titre doivent se combler en effet à l'aide
des disposition du chapitre précédent.

Certains auteurs sont d'un avis contraire : mais
ce qui montre bien la faiblesse de leur doctrine
c'est l'embarras dans lequel ils se trouvent placés
quand il s'agit de décider si l'action de l'enfant
naturel passe ou non à ses héritiers.

Quelques-uns déclarent que suivant une expression du Tribunat, l'action de l'enfant constitue pour lui un *bénéfice personnel*, qui ne peut lui
survivre. Cette manière de voir est arbitraire :
du moment que l'on écarte ici l'application des
art. 329-330, il faut suivre le droit commun,
et de droit commun les actions se transmettent
aux héritiers.

Les autres en effet reconnaissent que conformément au droit commun l'action passera dans
tous les cas aux héritiers : mais comment admettre que le droit de rechercher la filiation naturelle
se transmette plus facilement que le droit de rechercher la filiation légitime? Si la filiation naturelle assure des droits moins étendus que la filiation légitime, il n'en est pas moins vrai que la
loi voit avec une défaveur marquée la recherche
de cette filiation.

Nous n'avons qu'un moyen d'arriver à une solution raisonnable, c'est d'appliquer purement et

simplement à la filiation naturelle les dispositions contenues dans les art. 329-330.

Les personnes qui refusent d'admettre ici l'application de ces deux articles sont assez disposées
à reconnaître aux descendants de l'enfant natu
rel une action qui leur soit propre et indépendante
de leur qualité d'héritiers : le texte de ces articles
en effet ne vient plus contredire cette manière
de voir. On peut trouver étrange cependant que
les descendants de l'enfant naturel soient mieux
traités que les descendants de l'enfant légitime.

Après avoir montré par qui peuvent être exercées les actions en réclamation et en contestation
d'état, il serait assez logique de rechercher devant quels tribunaux ces actions doivent être portées.

Nous renvoyons sur ce point aux développe-
ments que nous avons donnés à propos des art.
198-200 et 326-327. Rappelons seulement que
suivant nous, lorsque la preuve du mariage a été
frauduleusement détruite ou altérée, la partie lésée peut dans tous les cas, conformément au droit
commun, saisir directement le tribunal civil; et
que d'un autre côté les dispositions exceptionnelles des art. 326-327 ne s'appliquent que dans
le cas assez rare où se produit le délit particulier
que la loi qualifie de délit en suppression d'état.

Demandons-nous enfin quels sont les effets des
jugements rendus sur les questions d'état.

De droit commun les jugements sont opposables

entre les parties. et seulement entre les parties (art. 1351).

On propose d'écarter ici l'application de cette règle : le jugement rendu sur une question d'état serait opposable à toute personne, qu'elle eût été partie ou non dans l'affaire.

Cette doctrine, dit-on, était admise dans l'ancien droit, le Code n'en parle pas, d'où nous devons conclure qu'il n'a pas entendu innové. C'est du reste là conséquence de l'indivisibilité de l'état des personnes : Primus a été déclaré en justice fils de Titius et de Titia : ne serait-il pas étrange que Secondus, qui est lui-même fils de Titius et de Titia, pût faire déclarer par un autre jugement que Primus n'est pas son frère.

La doctrine proposée avait cours en effet dans l'ancien droit, on la fondait sur quelques textes mal interprétés du droit romain (D. 1, 3, *De agnoscendis liberis*, XXV, 3 ; 1. 25, *De statu hominum* 1, 5). Mais cette théorie est évidemment inconciliable avec la règle de l'art. 1351 ; et l'argument tiré de l'indivisibilité de l'état des personnes ne prouve rien ; que la règle de l'art. 1351 nous conduise ici à des résultat bizarres, c'est possible : mais il en est de même dans toutes les parties du droit.

Aussi, au lieu de contredire ouvertement le principe de l'autorité de la chose jugée, on a cherché à faire rentrer dans l'application de ce principe la doctrine que l'on met en avant, et l'on y arrive

au moyen de la théorie de la *représentation légitime*.

D'après cette théorie, certaines personnes auraient qualité pour représenter à propos des questions d'état tous les autres parents, et ce qui serait
jugé pour ou contre elles, serait jugé, en vertu
même de l'art. 1351, pour ou contre tous les membres de la famille.

Quelles sont ces personnes que l'on qualifie du
nom de *contradicteurs légitimes*? C'est un point
sur lequel tous les auteurs ne sont pas d'accord.
D'après d'Argentré « le contradicteur légitime est
celui qui a le premier et principal intérêt ».
(*Avis sur les partages des nobles*, quest. 29, 7).
Cette définition est un peu vague. Le plus souvent
on admet que chacune des lignes paternelle ou
maternelle est représentée par le parent le plus
proche de la ligne, mais les enfants issus du
mariage des père et mère ne sont représentés que
par les père et mère réunis.

Montrons par quelques exemples comment s'applique cette théorie. La filiation est établie judi-
ciairement contre la mère : la chose jugée n'a
pas d'effet vis-à-vis du père, car la mère ne représente jamais la ligne paternelle. La filia ion est
établie contre le père et contre la mère : e jugement est opposable à toute la famille, et notamment aux enfants nés ou à naître des mêmes père
et mère, non-seulement à propos de la succession
des père et mère dont ils ne sont alors que les
ayant cause, mais à propos de tout autre droit,

par exemple à propos de la succession d'un frère prédécédé.

Le réclamant a mis en cause quelques-uns de ses frères et sœurs vivants, ce qui sera jugé contre eux ne le sera pas contre les autres, car les frères et sœurs vivants n'ont pas qualité pour se représenter entre eux.

Mais il a soin de les faire appeler tous au procès: le jugement sera opposable aux frères et sœurs qui naîtront dans la suite.

On voit quelles sont les conséquen ces de cette théorie : sur quoi est-elle fondée ?

On s'appuie surtout sur cette idée que le principal intéressé ne peut pas, par fraude et collusion, faire entrer un étranger dans la famille. Si par accident le fait se produisait, la fraude permettrait aux intéressés d'attaquer le jugement par la voie de la tierce opposition. On reconnaît d'ailleurs que la théorie de la représentation légitime ne s'applique pas, lorsque le jugement est rendu par défaut. (D'Argentré, *Avis sur le partage des nobles*, XXIX.)

On invoque aussi une raison d'intérêt social, celui qui a mis en cause les parents les plus proches, ceux qui ont un intérêt né et actuel, a fait tout ce qu'il pouvait faire ; on ne peut exiger de lui qu'il appelle dans l'instance les parents de tous les degrés, ce que l'on pourrait nommer le *ban* et l'*arrière-ban* de la famille. D'ailleurs comment s'y prendrait-il à l'égard de ceux qui ne sont pas encore nés? Repousser la doctrine proposée, ce serait le mettre dans l'impossibilité de jamais acquérir un état stable et définitif.

Ce dernier argument n'est pas sans valeur; il a particulièrement touché certains auteurs qui sans accepter entièrement la théorie de la représentation légitime, ont cru devoir l'admettre cependant à l'égard des parents qui sont à naître (Aubry et Rau, IV, 559).

Pour nous, nous écarterons cette théorie de la manière la plus absolue. La représentation dont on parle ne résulte d'aucune disposition légale : régulièrement on représente ses successeurs, ses ayant cause, mais nous n'avons ici rien de semblable. Les père et mère ne représentent même pas en matière d'état les enfants qui plus tard leur succèdent; ce n'est pas dans leur succession que ces enfants trouvent les droits de famille qui leur appartiennent, c'est la loi qui leur confère directement ces droits; ce qui le montre bien, c'est que le débat peut s'engager entre eux et le réclamant du vivant même des père et mère.

. La théorie que nous combattons est formellement contredite par l'art. 100 du Code civil. Observons aussi que toute personne a le droit de contester l'état d'un enfant qui jouit de la possession d'état d'enfant légitime, s'il ne possède un titre conforme : comment admettre que la mauvaise défense des père et mère, contre lesquels l'enfant intente l'action, ait plus d'efficacité que l'aveu public et persistant qui résulte de la possession d'état, et qu'elle suffise pour mettre l'état du réclamant à l'abri de toute contestation?

L'application pure et simple de l'art. 1351 peut présenter en matière d'état certains inconvénients, mais ils sont moins graves qu'on ne paraît l'imaginer. En réalité si la question d'état est tranchée une première fois par un jugement, il arrivera rarement qu'elle soit soulevée de nouveau. Supposons que le fait se produise : le second jugement sera généralement conforme au premier, et il s'établira ainsi une sorte de jurisprudence, qui, suivant toute apparence, fera loi pour l'avenir : l'état de l'enfant ne sera donc pas aussi incertain et aussi instable qu'on veut bien le dire.

POSITIONS.

DROIT ROMAIN.

I. Le postliminium ne se produit pas entre peuples alliés. (D., l. 5, § 2, *De captivis*, XLIX. 15, Pomponius. — l. 7, pr. *eod. tit.*, Proculus. — *Nec obstat*, Festus, d'après Ælius Gallus, *s. v. postliminium*.)

II. La loi 4, D., *De divers. temp. præscrip.*, XLIV, 3, Javolénus, ne se concilie pas avec la loi 25, D., *De stipul. servor.* XLV, 3, Venuléjus.

III. Les objets qui font partie du butin ne sont pas soustraits à l'action du postliminium. — *Nec obstat*, l. 28, D., *De captivis*, XLIX, 15, Pau sur Labéon.

IV. Le transfuge perd la tutelle. *Nec obstat.* 15, D., *De tutel.*, XXVI, 1, Ulpien.

V. Le droit du rachetant sur le racheté n'est pas un simple droit de gage, mais une véritable *potestas*.

VI. Le racheté qui décède *apud redemptorem*, sans avoir remboursé le prix de rachat, est censé revenu *jure postliminii*, et sa succession ne se règle point d'après la fiction de la loi Cornélia.

VII. Les héritiers du prisonnier ne peuvent durant la captivité se faire envoyer en possession des biens au moyen d'une *bonorum possessio decretalis*.

VIII. La succession déférée en vertu de la fiction de la loi Cornélia est censée déférée rétroactivement depuis le premier jour de la captivité.

IX. Lorsque l'impubère décède *in civitate* durant la captivité du substituant qui plus tard décède *apud hostes*, la substitution est valable. (D. l. 11, pr. *De captivis*, XLIX, 15, Papinien).

X. La loi 11, § 1, D. *De captivis*, XLIX, 15, Papinien, ne se concilie pas avec la loi 29, D. *De vulg. et pupill. subst.* XXVIII, 6, Scévola.

XI. La constitution d'une servitude prédiale au moyen d'un legs sous condition suspensive est reconnue par le droit civil. (D. l. 3 *(in fine) De servitut. legat.* XXXIII, 3, Marcellus. — *Nec obstat.* D. l. 4, pr., *De servitutibus*, VIII, 1, Papinien).

XII. Les jurisconsultes romains n'étaient pas d'accord sur le point de savoir, si le demandeur, qui avait fait condamner au moyen de la *vindicatio rei* celui qui avait cessé de posséder par dol, pouvait ensuite revendiquer la chose entre les mains du détenteur.

HISTOIRE DU DROIT ROMAIN.

I. La fiction de la loi Cornélia résulte d'une loi présentée par Cornélius Sylla, mais qui ne se confond pas avec la loi Cornélia *De falsis seu testamentaria*.

DROIT FRANÇAIS.

DROIT CIVIL.

I. Le mari contre lequel la maternité de la femme est établie par la preuve testimoniale a le droit de désavouer l'enfant par tous les moyens possibles.

II. L'enfant peut prouver sa légitimité conformément à l'art. 197 lorsque ses père et mère sont absents ou interdits, mais non lorsque le survivant d'entre eux contredit ses prétentions.

III. La possession d'état couvre les irrégularités qui ont affecté la célébration même du mariage.

IV. Lorsque la preuve du mariage a été détruite ou altérée par des moyens criminels, l'action privée peut, du vivant même du coupable, être portée devant le tribunal civil.

V. Les arts. 326-327 ne soustraient aux tribunaux de répression la connaissance des questions d'état, qu'autant que s'est produit le délit particulier connu sous le nom de délit en suppression d'état.

VI. Les créanciers de l'enfant n'ont pas le droit d'exercer en son nom l'action en réclamation d'état.

VII. Les descendants de l'enfant ne peuvent exercer l'action en réclamation d'état qu'à titre d'héritiers.

VIII. La théorie de la représentation légitime est incompatible avec les principes du Code civil.

IX. L'acte de naissance rédigé sans le concours de la mère ne prouve pas l'accouchement illégitime.

X. La possession d'état ne prouve pas la filiation naturelle.

PROCÉDURE CIVILE.

I. Le juge ne peut accorder un terme de grâce au débiteur, lorsque le créancier est muni d'un titre exécutoire.

II. L'action possessoire peut être donnée relativement aux universalités de meubles.

DROIT COMMERCIAL.

I. Le porteur d'une lettre de change n'a pas droit à la provision par préférence aux autres créanciers du tireur tombé en faillite.

II. Le vendeur d'immeuble qui n'a pas fait transcrire son titre ou inscrire son privilége avant le jugement qui déclare la faillite de l'acheteur, perd son privilége, mais conserve le droit de demander la résolution de la vente jusqu'à l'inscription de l'hypothèque des créanciers de la faillite par les soins du syndic.

DROIT PÉNAL.

I. Lorsqu'il y a soustraction frauduleuse d'objets mobiliers entre époux ou entre ascendants et descendants, l'immunité qui résulte de l'art. 380 du C. pén. ne s'étend pas aux complices.

2. Quand un délit suppose l'existence d'un fait juridique, la preuve de ce fait doit se faire conformément aux règles du droit civil.

DROIT PUBLIC ET ADMINISTRATIF.

I. Il appartient au maire et non au conseil municipal de fixer le ban de vendanges.

II. Le conseil de préfecture est compétent pour fixer les indemnités dues à raison des dommages permanents.

HISTOIRE DU DROIT FRANÇAIS.

I. Les censives ont leur origine dans le précaire romain.

II. La maxime de l'ancien droit « *creditur virgini prægnanti* » n'avait trait qu'au provisoire.

Vu par le Président de la thèse,
C. BUFNOIR.

Vu par le doyen
G. COLMET D'AAGE.

Vu et permis d'imprimer,
Le Vice-Recteur de l'Académie de Paris,
MOURIER.

Paris. — Impr. de E. Donnaud, rue Cassette, 9.

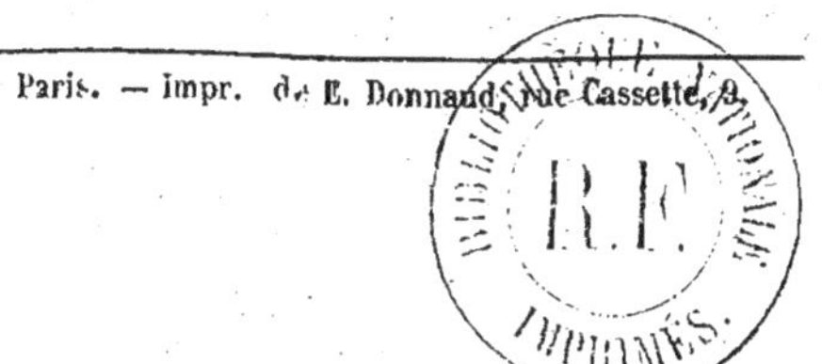

TABLE DES MATIÈRES.

DROIT ROMAIN.

DU POSTLIIMINIUM ET DE LA FICTION DE LA LOI CORNELIA.

CHAPITRE III.

DROIT FRANÇAIS,